뉴스 똑똑하게 보는 법

왜요, 그 뉴스가 어때서요?

왜요, 그 뉴스가 어때서요?

뉴스 똑똑하게 보는 법

초판 1쇄 펴낸날 2021년 12월 6일
초판 5쇄 펴낸날 2024년 4월 30일

지은이 김청연
펴낸이 이건복
펴낸곳 도서출판 동녘

편집 이정신 이지원 김혜윤 홍주은
디자인 김태호
마케팅 임세현
관리 서숙희 이주원

등록 제311-1980-01호 1980년 3월 25일
주소 (10881) 경기도 파주시 회동길 77-26
전화 영업 031-955-3000 편집 031-955-3005 **전송** 031-955-3009
홈페이지 www.dongnyok.com **전자우편** editor@dongnyok.com
인쇄·제본 영신사 **라미네이팅** 북웨어 **종이** 한서지업사

ISBN 978-89-7297-015-6 (43300)

뉴스 똑똑하게 보는 법

왜요, 그 뉴스가 어때서요?

김청연 지음

동녘

"뉴스, 믿어선 안 될까요?" 묻는 여러분에게

"우리 사회에서 일어나는 일들을 있는 사실 그대로, 객관적으로 보도하는 정직한 기자가 되겠습니다!"

한 언론사에 신입 기자로 입사한 이사실 기자는 얼마 전 사내 홈페이지에 이런 내용의 입사 소감문을 올렸어. 그런데 이 회사 선배인 김진실 기자는 이 소감문을 보고 피식 웃음이 나면서도 마음 한쪽이 씁쓸해졌어. 언론사에 입사했던 15년 전 자신의 모습이 떠올랐기 때문이야. 그 역시 우리 사회에서 일어나는 일들을 완전무결하게 객관적이고, 공정하게 보도하고 싶다는 큰 바람을 품었지만 현실에선 그게 결코 쉬운 일이 아니었거든.

완벽하게 객관적이고, 공정한 뉴스란 나오기 어렵다고? 이게 대체 무슨 소리냐고 하는 사람들도 있을 거야. 우리 대다수가 자신이 신뢰하는 뉴스 채널에서 보도한 내용은 매우 객관적이고, 공정한 사실이라고 믿고 있으니까.

흔히 뉴스는 '사실'(Fact), 즉 '실제로 있었던 일이나 현재에 있는 일'을 다룬다고 하잖아. 그런데 엄밀히 따지면 뉴스가 알려 주는 일들은 누군가에게 '선택된' 사실이야. 뉴스가 우리에게 오기까지는 참 다양한 이들의 선택 과정을 거치거든. 이 선택의 과정 자체가 완벽하게 객관적일 수는 없을 거야.

'초상화 그리기'를 예로 들어 볼게. 우리에게 '이 시대를 상징하는 가장 중요한 인물의 얼굴을 사실적으로 그려서 제출하라'는 숙제가 주어졌다고 생각해 봐. 우선 우리 시대를 상징하는, 인물을 선정하는 게 첫 단추겠지. 인물 선정에는 우리 각자의 개인적 관심과 취향이 반영될 수밖에 없을 거야.

선정된 인물을 만나 초상화를 그릴 때는 어떨까? 친구와 내가 우연히 같은 인물을 선정하게 되어 같은 날, 같은 장소에서 그림을 그린다 해도 각기 다른 작품이 나올 가능성이 커. 왼쪽 얼굴, 오른쪽 얼굴, 전체적인 표정, 눈매, 입술, 의상과 액세서리 등 인물의 다른 점에 집중한 다양한 그림들이 나오겠지. 물론 그림의 제목도 각기 다를 거고.

뉴스를 만드는 과정도 이와 비슷하다고 보면 돼. 뉴스가 될 만한 사건사고를 선택해 취재하는 데서부터 기자 그리고 언론사 측의 생각이 영향을 끼치지. 여기에는 기자가 속한 언론사의 정치적 이념과 지향성, 운영 구조 등도 적지 않게 영향을 줘. 그뿐일까? 기사의 방향, 비중, 제목, 사진의 크기 등을 결정하는 데도 크고 작은 여러 요소가 개입될 수 있어. 같은 날, 같은 사람의 얼굴을 그렸음에도 그린 사람마다 다 다른 초상화가 나올 수밖에 없는 것처럼 말이지. 그래서 뉴스는 우리 현실을 있는 그대로 반영하는 거울 또는 창이라기보다는 '누군

가가 선택해 각기 다른 방식으로 걸러서 보여 주는 사실'이라
고 보는 게 더 적절할 수도 있어.

온라인 시대가 열리고, 각종 SNS가 발달하면서 뉴스 채널
도 정말 다양해졌지. 수많은 채널에서 하루에도 수십 만 건 이
상의 뉴스가 홍수처럼 쏟아지는 시대야. 이 속에서 '철저히 객
관적인 보도'는 어렵더라도 '최대한 객관적인 보도를 추구하
려고 노력하는' 뉴스 채널이 있는가 하면 최근엔 아예 사실과
거리가 먼 뉴스들을 생산하는 이들도 늘고 있어. 각종 '가짜뉴
스', 광고 등 수익 창출을 목적으로 한 뉴스 등 사실을 의도적
으로 포장하고 왜곡한 뉴스들 말이지. 기술의 발달은 이른바
사실(Fact)이 아닌 충격(Impact)을 다루는 뉴스들이 사람들
곁에 더 가깝게 다가갈 수 있게 해 주기도 해.

"뉴스를 믿지 말라는 건가요?" "뉴스를 안 보는 게 나으려나
요?" 이런 반응도 나올 수 있을 거야. 이에 대해 "아뇨"라고 답
하고 싶어 쓴 게 바로 이 책이야. 구조적으로 100% 객관성,
공정성을 담보하기란 쉽지 않고, 최근의 뉴스와 그것을 둘러
싼 환경 또한 혼탁해졌지만, 그럼에도 우리는 뉴스를 통해 정
보를 접하고, 공동체가 나아갈 방향을 함께 고민해 볼 수 있기
때문이지.

"그러니까 우리 함께 뉴스를 봅시다. 잘 봅시다. 똑똑하게! 날카로운 매의 눈으로!"

이 책은 여러분이 뉴스의 속성을 잘 이해하고, 혼탁해진 뉴스 환경 속에서 우리를 혼란에 빠뜨리는 뉴스들을 가려낼 수 있는 눈을 가졌으면 하는 바람으로 쓰게 됐어. 일종의 '뉴스 똑똑하게 보는, 뉴스 분석 여행'이라고 보면 좋을 거야. 오랜 시간 뉴스를 생산하는 일을 해 오면서 '뉴스 소비자들도 알았으면 좋겠다' '함께 이야기 나눠 보고 싶다' 생각했던 이야기들을 담았어.

요즘 각종 먹을거리를 살 때 그것을 만든 회사부터 생산지, 성분, 유통기한 등을 꼼꼼히 따져 보는 이들이 많아졌지. 몸에 좋은 재료로 이루어진, 건강한 음식을 먹겠다는 생각 때문일 거야. 이런 이들이 '소비자'가 아닌 '적극적인 소비자' '건강한 소비자'가 되는 것처럼 여러분도 이 책을 통해 '적극적인 뉴스 소비자' '건강한 뉴스 소비자'가 되면 좋겠어. 마치 제품 정보를 확인하듯 뉴스를 볼 때 언론사에 대한 정보, 뉴스가 만들어지는 과정, 뉴스를 둘러싼 현재의 환경, 뉴스의 내용·제목·

사진 등을 꼼꼼하게 살피는, 똑똑하고 건강한 소비자가 되어 보자는 거지.

'뭐 그렇게까지 해야 하나?'라고 할 수도 있지만, 우리가 먹는 음식이 우리 신체 건강에 중요한 영향을 끼치듯 우리가 보는 뉴스가 세상을 바라보는 우리의 생각, 즉 사고의 기초를 세우는 데 큰 영향을 끼칠 수 있거든. 자, 그럼 실제 뉴스들을 펼쳐 놓고 그것의 생산지부터 생산 과정, 성분 등을 분석해 보는 여행을 함께 떠나 볼까?

차례

1장
특명!
헤드라인의 비밀을 찾아서

2장

이건 진실, 저건 사실…
대체 뭘 믿어야 하죠?

3장

웃자고 한 말에 죽자고
달려들었다고요?

4장

낚지 마세요, 이제 그물은 사양합니다

나가는 글

특명! 헤드라인의 비밀을 찾아서

굳이 기사를 읽지 않아도 제목만으로 내용과 관점을
짐작할 수 있는 경우가 많아. 언론사들이 어떤 제목과 사진을
담느냐에 따라 기사는 그 자체로 상징적 의미를 갖는 셈이지.
그렇기 때문에 뉴스를 더욱 꼼꼼히 들여다봐야겠지.

신문 1면이 다 다른 이유

수척해진 재벌2세 ○○ 씨… 횡령 혐의는 부인 vs. 안전 뒷전… 제조업 공장서 또 참변

　같은 날 발행된 다른 신문을 본 두 친구의 이야기야. 그런데 대화를 보면 둘은 마치 다른 세상에 살고 있는 것 같지 않아? 이는 두 사람이 각자 다른 신문을 통해 그날의 세상 소식을 접했기 때문일 거야.

　여러분은 어떤 방법으로 그날그날의 뉴스를 만나고 있어? 아마 뉴스를 접하는 채널이나 방식 등은 사람마다 다 다를 거야. 우선 특정 언론사가 발행하는 종이 신문을 구독해 세상에서 일어나는 소식을 접하는 이들이 있겠지. 그리고 특정 언론사의 사이트나 앱 등을 즐겨찾기 해 두고 뉴스를 확인하는 이들도 많을 거야.

　아니면 네이버, 다음 등 이른바 '포털 사이트'에서 평소 좋아하는 언론사 채널을 구독하는 이들도 있을 거고. 특정 언론사를 선택하기보다는 포털 사이트 메인 화면에 뜨는 뉴스만 골라 읽는 사람들도 있어. 이 경우, 기사 제목이나 '썸네일'이라고 불리는 메인 이미지 등에 이끌려 특정 기사를 읽게 되는 일도 많지.

　무엇보다 중요한 건 우리가 어떤 채널에서 뉴스를 접하든 뉴스라는 것이 완전무결하게 객관적일 수 없음을 알아야 한다는 점이야.

우리는 흔히 잘 알려진 언론사들의 뉴스는 무조건 객관적일 거라고 생각하는 경향이 있지. 하지만 아주 완벽하게 '객관적이다'라고 말할 만한 뉴스라는 건 사실상 존재하기 힘들어. 그 점을 먼저 알아 뒀으면 해. 왜냐고? 기삿거리를 찾던 기자가 그날그날 세상에서 일어난 여러 일들 가운데 '이 사건을 기사로 써 봐야겠다'라고 결심하는 행위, 거기에서부터 한 사람의 판단이 들어갔기 때문이야.

물론 기삿거리가 실제로 '기사화'되기까지는 기자 개인만이 아닌 언론사에 소속된 다른 여러 사람의 판단과 의견이 고루 반영되는 등 객관성이 어느 정도 담보될 수 있겠지. 그렇지만 이를 두고 '완벽하게 객관적이다'라고 말하기는 어렵지 않을까?

뉴스가 될 만한 이야기는 어디서 어떻게 찾아오는가

위 대화 속에 나온 기사들을 예로 들어 볼게. 남자아이가 봤다는 재벌 기사는 어떤 이유로 기사화가 된 걸까? 아마도 이 기사를 쓴 기자와 이 내용을 실은 언론사 측은 그가 우리나라에서 큰 영향력을 행사하는 유명 기업인이기 때문에 그에 대한 사건사고를 취재하고 기사화했을 거야. 재벌의 행보는 단순한 개인을 넘어 우리나라 경제·사회 등에 미칠 영향이 크잖아. 그러니 비중 있게 보도해야 마땅하다는 생각이 반영됐을 수 있어. 한 예로, 재벌 기업인의 비리 사건이 터진 것만으로도 그 회사 주식은 곤두박질칠 수 있거든.

그럼 여자아이가 본 청년 노동자 사망 사건은 왜 기사화가 된 것일까? 사건의 중심에 있는 청년은 재벌처럼 유명하거나 영향력 있는 사람이 아닌, 그냥 일반인이었지. 그는 자신의 일터에서 일을 하다가 '산업 재해'로 안타깝게 삶을 마감하고 말았어. 아마 이 청년의 사망 소식을 기사화한 언론사는 그의 죽음을 둘러싸고 어떤 문제들이 있었는지를 파헤치고자 했을 거야. 산업 재해에 대한 사회적 관심을 환기하고, 이와 유사한 사건들이 재발되는 것을 막아야 한다는 생각에서 이를 기사화하기로 했겠지.

이처럼 우리가 보는 기사들은 누군가의 나름대로 이유 있는 선택 과정을 통해 우리에게 오게 돼. 물론 모든 세상 일이 다 기사가 되는 건 아니야. 여러 사건사고들 중 일반적으로 '뉴스가 될 만한' 일들이라는 게 있어. 과연 그것이 무엇인지 살펴볼까?

우선 다수 사람들에게 영향을 끼칠 만한 사건은 어느 언론사를 막론하고 뉴스로 보도되기 쉽지. 오늘 우리나라 모 지역에서 교통사고 한 건이 발생한 건 뉴스가 될 가능성이 거의 없어. 하지만 우리나라 특정 지역에서 엄청난 규모의 산불이 발생했고, 그로 인해 수백 명이 피해를 입었다고 치자. 이를 뉴스로 다루지 않는 언론사는 아마 없다고 봐도 과언이 아닐 거야.

그런데 앞서 말한 교통사고에서 우리나라 사람이라면 누구나 알 만한, 아주 유명한 인물이 사망했다면 어떻게 될까? 이런 경우에는 얘기가 달라지지. 요컨대 그 인물의 사회적 영향력이 클수록 기사화될 가능성은 커질 거야.

물론 아무리 유명하다 해도 그가 아침에 일어나 세수하고 밥 먹었다는 사실 등이 뉴스가 되진 않아. 그러니까 뉴스가 되려면 '일상적이지 않은' 사건사고가 일어나야 해. 우리 입에서 "거참, 별일이네!"라는 소리가 나올 정도로 말이지. "개가 사람을 물면 뉴스거리가 되지 않지만 사람이 개를 물면 뉴스가 된다." 미국의 언론인 찰스 앤더슨 다나는 이렇게 뉴스의 속성을 표현한 바 있어. (아, 요즘에는 개가 사람을 물어 발생한 사고도 종종 뉴스가 되곤 하지.)

여하튼 일반적으로 뉴스가 될 만한, 뉴스로서 가치가 있는 사건사고들은 이 정도로 요약할 수 있어. 물론 지금까지 언급된 예시들이 같은 날 동시에 모두 일어났다고 해서 모든 언론사들이 이를 전부 기사화할 거라고 단정할 수는 없어. 앞서 얘기했듯 '무엇을' 기사화할지는 각 언론사 구성원들의 의견과 판단에 따라 얼마든지 달라질 수 있기 때문이야.

내가 본 뉴스가 세상의 전부는 아니기에

무엇을 '기사화'할 것인가 외에도 무엇을 '어떻게' 보여 줄 것인가를 놓고 언론사들은 각자 다른 판단을 내릴 수 있어. 같은 날 신문사별 1면 머리기사가 각기 다른 이유가 여기 있지. 언론사들은 그날그날 뉴스들 중 가장 중요하다고 판단되는 것을 제일 주목도가 높은 1면 머리기사에 배치하거든. 그래서 그날 언론사가 첫머리에 어떤 뉴스를 다뤘느냐는 그 언론사가 무엇을 중요하게 여기는지를 말해 줘.

한 예로, 만화 속 남자아이가 본 신문은 재벌의 행보가 우리 사회에 끼치는 영향을 더 중요하게 봤다고 할 수 있어. 반면, 여자아이가 본 신문은 청년 노동자들이 처한 열악한 노동 환경 문제를 사회에 알리는 것이 더 중요하다고 판단했을 수 있지. 언론사나 방송사가 1면 머리기사처럼 첫머리에 들어가는 기사를 선택할 때는 이밖에도 다른 여러 이유가 개입돼. 그러니 우리는 이런 뉴스들이 그날 일어난 세상 일 가운데 누군가의 판단으로 선택되어 다듬어진(편집된) 뉴스라는 것을 알고 있어야 해.

포털 사이트 메인 화면에서 접하게 되는 여러 언론사의 기사들에 있어서도 마찬가지야. 어떤 기사를 노출할지 역시 누군가의 판단이 반영된 결과야. 가장 중요하다고 판단되는 기사를 올릴 수도 있지만 꼭 그렇지만은 않아. 사람들의 흥미를 끌 만한 기사인지, 즉 '조회 수'를 고려한 판단을 할 수도 있어. 이렇게 우리가 보는 신문과 방송 뉴스 포털 사이트 메인에 걸린 뉴스 목록들은 다 누군가(들)의 '선택'과 '필요'에 따라 그곳에 배치된 거야.

모두 기자가 되어 세상의 모든 일을 다 취재하고 다닐 수는 없기에 우리는 누군가 만든 신문과 다양한 뉴스 채널을 통해 매일의 사건사고와 필요한 정보 등을 접하고 있지. 좀 더 풍부한 관점의 뉴스들을 접하고 싶다면 어떻게 하는 게 좋을까? 방법은 간단해. 늘 보는 신문만이 아니라 두 개 이상의 다른 신문이나 텔레비전 뉴스 프로그램을 함께 보면 돼. 종이 신문을 비롯해 각 언론사 사이트, 텔레비전 뉴스 프로그램 등에서 그날의 뉴스로 무엇을 다뤘는지 쭉 한번 훑어보는 거야. 나아가 똑같은 사안의 뉴스를 어떤 비중으로, 어떻게 다뤘는지도 살펴보면 더 좋을 것 같아. 이렇게 하면 최소한 청년 노동자 사망 사건 기사를 두고 "그런 일이 있었어?" "그 사건은 또 뭐야?"라는 말은 안 하게 되겠지.

여러분에게 한 가지 더 제안하고 싶은 게 있어. 같은 날, 같은 사건을 다룬 뉴스인데 언론사들마다 각기 다른 비중, 다른 관점으로 그것을 다뤘을 때 그 '이유'와 '의도'가 무엇인지 한번 생각해 보는 거야. '왜 그랬을까?' 마치 탐정처럼 뉴스를 볼 때도 추리력을 한껏 발휘해 보자고!

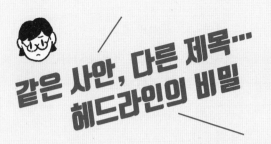

같은 사안, 다른 제목…
헤드라인의 비밀

백신 접종률 겨우 20%대 진입 vs. 백신 1차 접종률 20% 돌파, 청신호 예감

코로나19 바이러스로 인해 언제부터인가 신문에서 관련 기사를 보는 게 아주 익숙한 일상이 됐지. '코로나19 확진자 수 ○○명으로 늘어' 등은 기본이고 '거리 두기 개편' '변이 바이러스 등장' 등 참 다양한 관련 뉴스들이 쏟아져 나왔어.

이렇게 전 국민들의 생명, 안전과 관련해 알아 둬야 할 내용들이 담긴 뉴스들은 상대적으로 중요하기 때문에 '종합 일간지'라 불리는 대부분 신문들이 이를 앞다퉈 기사화해. 이런 기사들은 "확진자 수가 이만큼 증가했고, 위험한 상황이다" "코로나19 거리 두기 개편안이 새로 나왔으니 지침을 참고하라" "코로나19 변이 바이러스는 다음과 같은 특성을 갖고 있다" 등 정보 전달을 목적으로 해.

일반적으로 이런 기사를 두고 '스트레이트 기사'라고 하지. 사건, 사고 등 어떤 상황 등을 비교적 사실적이고 객관적으로 기술한 기사를 뜻하는 말이야. 스트레이트는 누가(who), 언제(when), 어디서(where), 무엇을(what), 어떻게(how), 왜(why) 등 '육하원칙'에 따라 비교적 건조하고 객관적으로 기술하게 되어 있어. 스트레이트 기사는 보통 일간지 1면에 실리는 경우가 많아.

스트레이트 기사 외에도 어떤 사건이나 상황이 벌어진 원인 및 배경 등 보충 취재를 비롯해 전문가 등 여러 인물들의 분석을 곁들여 설명한 '해설형 기사'가 있어. 사건이 벌어진 현장을 마치 실제 현장에 있는 것처럼 스케치해 보여 주는 '르포 기사'도 있지. 또한 어떤 인물을 인터뷰해 그를 둘러싼 이야기나 그가 갖고 있는 각종 지식과 정보 등을 들어 보는 '인터뷰 기사' 등 다양한 기사 형식들이 있어.

보통 스트레이트 기사를 제외하고 해설형 기사, 르포 기사, 인터뷰 기사 등에는 특정 언론사의 '시각'이 어느 정도 드러나곤 해. 예를 들어, "확진자 수가 늘었다"라는 스트레이트 기사는 언론사마다 대동소이하지만, 이에 더해 나오는 '해설형 기사'에서는 언론사마다 확진자 수가 '왜' '어떤 배경에서' 늘었는지를 다르게 분석하는 경우도 있어. 인터뷰 기사의 경우도 '어떤 인물'을 선정했느냐에 따라 그 언론사의 '색깔'이 드러날 수 있지. 진보 언론사는 진보적 관점을 가진 인물을, 보수 언론사는 보수적 관점을 가진 인물을 섭외해 인터뷰 기사를 쓸 가능성이 커.

앞서 이야기한 것처럼 그날의 소식을 육하원칙으로 정리한 스트레이트 기사는 언론사마다 내용이 비슷한 경우가 많아.

사건이나 현상을 건조하게 전달하고자 하는 게 목적이기 때문
이야. 그런데 이렇게 비슷한 내용임에도 언론사마다 다른 제
목을 붙인 사례도 찾아볼 수 있어.

뉴스 제목을 통해 드러나는 언론사의 관점과 입장

신문사별로 제목이 다른 배경을 이해하려면 우선 '편집'이
라는 개념부터 알 필요가 있어. '엮을 편'(編), '모을 집'(輯). 편
집(編輯)이란, 일정한 방침 아래 여러 가지 재료를 모아 신문,
잡지, 책 따위를 만드는 일을 뜻하는 말이야. 바로 앞 꼭지에
서 신문 1면에 실리는 기사가 언론사마다 다른 이유를 살펴봤
지? 그때 1면을 선택하는 데는 누군가의 판단이 개입된다고
했던 이야기, 기억할 거야. 이처럼 편집은 '어떤 기사를 실을
까?'는 물론이고, 그렇게 싣기로 결정한 기사를 '어떤 제목으
로' 소개할까 고민한 과정과 결과야.

기사에 제목 붙이는 일을 하는 사람을 '편집 기자'라고 해.
흔히 기사 제목은 그 기사 내용을 취재하고 쓴 기자가 직접 붙
인다고 생각하기 쉽지만 사실 그렇지 않아. 취재 기자가 기사
를 작성하고, 그 위에 '데스크' 등이 기사를 검토한 후 최종 기

사를 보내면(송고), 편집 기자가 기사를 읽고 적절한 제목을 붙이는 식이지. 만화에서 두 친구가 '내용은 같은데 제목은 다른 두 기사'라고 말했었지. 각 언론사 편집국에서 근무하는 다른 편집 기자의 손을 거쳐 나온 제목이기 때문이야.

기사 제목은 기사의 일부야. 따라서 제목에 문법적 오류가 없어야 해. 일반적으로 제목은 15자 안팎으로 기사의 핵심을 담으면 된다고 알려져 있어. 또한 조사 등은 생략하는 게 일반적이야.

우리가 기사를 골라 읽을 때 가장 먼저 보는 게 제목이잖아. 그렇기 때문에 신문 기사에서 제목은 일종의 광고 카피와 비슷한 역할을 한다고 볼 수 있어. 기사를 '읽고 싶게' 만드는 매우 중요한 요소가 제목인 것이지. 그런 점에서 편집 기자가 붙인 제목은 최종 결정되기까지 신문사 편집국 내 여러 사람들의 교차 검토와 수정에 수정을 거치곤 해.

고작 몇 글자에 뭐 큰 의미가 있겠느냐고 할 수 있지만 제목에는 언론사들마다 뉴스를 바라보는 시각, 즉 '관점'이 담겨. 대화 속에 나온 뉴스들을 봐도 단어 하나가 얼마나 많은 상징적 의미를 갖는지 알 수 있지. 이번 꼭지 처음에 소개한 제목을 다시 한번 살펴볼까?

1) 백신 접종률 겨우 20%대 진입

2) 백신 1차 접종률 20% 돌파, 청신호 예감

　1번 기사에서 가장 눈에 띄는 어휘는 뭘까? 아마도 '겨우'라는 표현이 아닐까 싶어. '겨우'는 '어렵게 힘들여' '기껏해야 고작'이란 뜻의 부사어야. "시험에 턱걸이로 겨우 합격했어" "너 겨우 이 정도밖에 안 되는 사람이었니?" 등 '매우 어렵게' 어떤 일을 달성했거나 '만족스럽지 못하다'라는 의미가 포함되어 있지. 그런 점에서 볼 때 1번 기사 제목은 백신 접종률에 대해 일종의 '부정적인 평가'를 내리고 있다고 볼 수 있어.

　2번 기사에서 눈에 띄는 어휘는 뭘까? 우선 '청신호'라는 표현이 눈에 들어오지? 횡단보도 신호등에 '파란불'이 켜졌을 때 "건너도 좋다"는 신호라고 이해하고 있지. 청신호(靑信號)란 이렇게 '○○해도 좋다' 그리고 '어떤 일이 앞으로 잘되어 나갈 것을 보여 주는 징조' 등을 비유적으로 뜻하는 말이야. 비슷한 말로 앞서 얘기한 '파란불'이라는 단어도 많이 쓰이고 있어. "오늘 우리 팀 승리로 결승 진출에 파란불이(청신호가) 켜졌다" 등의 표현은 기사를 비롯해 드라마나 영화 대사에서도 많이 쓰이곤 해. 그런 점에서 볼 때 2번 기사의 제목은 백신 접종률에 대해 '긍정적인 기대'를 담고 있다고 해석할 수 있겠지.

이쪽저쪽 휘둘리지 않는 나의 관점 만들기

굳이 기사를 읽지 않더라도 제목에 쓰인 어휘 하나만으로 기사 내용과 관점을 짐작할 수 있는 경우가 많아. 같은 사안인데 제목이 확연히 다른 사례는 선거 또는 남북문제 관련 기사 등에서도 쉽게 찾아볼 수 있을 거야. 국가적으로 중요한 이벤트인 총선이나 대선 또는 남북 정상회담이 열린 날 등엔 각 언론들이 1면에 관련 기사를 어떤 제목으로 실었는지 비교해 보는 것도 좋은 공부가 되지.

한 예로, 지난 2018년 4월 27일 남한과 북한이 4·27 판문점 선언을 발표한 다음 날이었던 4월 28일 중앙 일간지 제목을 한번 살펴볼까? 이날 중앙 일간지들은 모두 4·27 판문점 선언을 1면에 다뤘어. 그만큼 국가적으로 중요한 이슈였기 때문이겠지. 한 신문은 "한반도 '완전한 비핵화' 운은 뗐다"라는 제목을 붙였어. 그리고 또 한 신문은 다른 톤의 제목을 붙였지. "더 이상 전쟁은 없다, 판문점 선언"이란 제목이었어. 전자는 "운은 뗐다"라는 표현을 통해 뭔가 아쉬운 점이 있는 듯한 인상을 남겼지. 후자는 비핵화, 종전과 관련해 판문점 선언을 긍정적으로 바라보는 것으로 보이고. 짐작했겠지만 전자는 보수 성향, 후자는 진보 성향이라 불리는 신문에서 각각 뽑은 제목들이야.

이렇게 주요 일간지에 실리는 제목 속 어휘를 하나하나 분석하면서 그 어휘를 선택해 쓴 의도가 무엇인지 생각해 보는 것도 좋은 공부가 될 거야. 여기서 나아가 여러분 스스로 편집 기자가 되어 제목을 붙여 보라고 제안하고 싶어. 대선, 올림픽, 남북 정상회담 등 국가적으로 주목할 만한 일이 있을 때 '시민 편집 기자'가 되어 여러분 나름의 제목을 붙여 보는 거지. 친구들과 함께 편집국을 꾸려서 실제 제목을 달아 본 후 언론사의 제목과 여러분의 그것 가운데 어느 쪽이 더 나은지 토론하는 것도 재미있겠다.

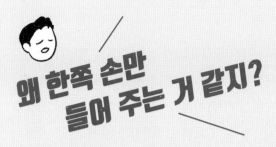

왜 한쪽 손만 들어 주는 거 같지?

그룹채팅 5

지수네
> 똑똑~ 이번 교육감 선거
> 누구 뽑을지 생각하고 계신가요?

수현이네
> 글쎄요... 애들하고 공약을 살펴보고 결정해야지요.

준혁이네
> 선거가 몇 주 안 남았는데
> 누가 나오는지도 모르겠네요.

지수네
> 맞아요. 우리집 신문에선
> 딱 한 사람 이야기만 나오네요.

가현이네
> 아, 장보도 그 사람? 유력 후보라 그럴까요?

수현이네
> 유력 후보 아닌 다른 후보들도
> 골고루 다뤄 줘야 하지 않아요?

흠, 그러게요....

장보도 씨, 오늘 교육감 출마 선언…
여론조사는 이미 오차 범위 내 1위

　교육감 선거를 앞둔 어느 날, 학부모들끼리 나눈 대화의 일부야. 교육감은 어떤 일을 하는 사람일까? 교육감은 각 시와 도의 교육 및 학예 업무를 집행하는 시·도 교육청의 장을 뜻하는 말이야. 특정 시·도에서 교육 관련 사무를 총괄하는 일을 하는 사람이지. 교육감은 하는 일도 다양하고 권한도 매우 커. 시·도의 교육 관련 규칙을 만드는 것부터 학교를 포함한 각종 교육 기관의 설치 및 이전, 폐지 문제에 관여하고, 해당 지역 교직원과 행정직원 등의 인사에도 권한을 갖고 있어.

　지역 학생들 교육 문제와 관련해 직접적으로 영향을 끼칠 수 있는 중요한 일을 하기 때문에 '아이들에게 가장 도움이 될 만한 후보는 누구일까?'를 고민하며 교육감 투표에 신중한 자세를 보이는 어른들도 많아.

　교육감 선거뿐 아니라 모든 선거에서 후보자 이력이나 철학, 공약 등 정보를 얻을 수 있는 창구가 바로 언론이야. 선거철에 언론의 균형 잡힌 보도 자세가 강조되는 이유가 여기 있어.

　그런데 학부모들 대화를 들어 보니 이 지역 교육감 후보들에 대한 정보가 매우 부족해 보이지? 한 학부모 이야기처럼

"유력 후보가 아닌 다른 후보들도 골고루 다뤄 줘야" 하는데 시민들은 후보들이 누구인지조차 모르는 것 같아.

선거철에 언론이 이런 식으로 특정 후보만 부각해 그에 대한 이야기만 내보내는 경우는 의외로 많아. 예를 들어, 특정 후보가 출마 선언을 하던 날의 현장 묘사 기사부터 출마의 변 전문, 출마 선언 이후 인터뷰, 주변인이 말하는 후보에 대한 이야기 등을 연속해서 보도하는 매체도 있어. 물론 이 후보 외에 다른 후보들에 대한 정보도 비슷한 비중으로 보도한다면 큰 문제가 없겠지. 하지만 오직 한 후보 위주로만 기사를 계속 쏟아 낸다면 그건 지적받을 만해. 뉴스 소비자인 유권자 입장에서는 이들 중 오직 한 명에 대한 정보만 편식하게 되는 셈이니까.

이를 두고 '편파 보도'(偏頗報道)라고 해. 여기서 '편파'(偏頗)는 '치우칠 편(偏)' '상당히 파(頗)' 자를 써서 '공정하지 못하게 어느 한쪽으로 치우쳐 있는 것'을 의미해. 즉 '편파 보도'는 어느 한쪽으로 치우친 채로 사실을 선별하거나 해석해서 알리는 것 또는 그런 소식을 뜻하지. 한마디로 '한쪽에만 손만 들어 주는' 식의 보도 방식을 의미한다 할 수 있어.

이런 편파 보도는 선거철에 특히 많이 등장해. 대화 사례처럼 한 후보만 집중적으로 소개하는 걸 넘어 마치 그가 당선될 확률이 매우 높거나 심지어는 이미 당선이 확정되기라도 한 것처럼 제목을 뽑는 경우도 있지. '장보도 교육감 승리 초읽기' '존경받는 교사·작가에서 교육감으로! 장보도가 쓰는 성공 신화' 이런 식으로 말이야. 제목에서는 마치 특정 후보가 당선될 확률이 매우 높은 것처럼 말해 놓고 실제 기사 본문을 읽으면 그와 관련 근거나 구체적인 설명 등을 찾아볼 수 없는 경우도 있어. 각각 제목과 기사가 따로인 셈인데 제목만 본 이들은 이 후보가 당선될 가능성이 크다고 생각해 버리기 쉽겠지.

근거 없는 비방과 억측, 가능성과 예측은 '사실'이 아니다

이렇게 특정 후보에게만 호감을 보이는 것과 반대되는 경우도 있어. 특정 후보에 대해 온갖 비방과 억측으로 가득한 뉴스를 내보낼 수도 있거든. '교육감 후보가 불륜이라니…… 장보도 도덕성 도마 위에' '공금 횡령? 장보도 막판 선거 변수 생기나' 선거철에는 이런 제목을 달고 그 사람의 도덕성 관련 기사들이 쏟아지곤 해. 언론이 나랏일을 도맡을 공직자의 도덕성에 대한 정보를 대중에게 알리는 것 자체가 문제는 아니지. 하지만 확인되지 않은 정보, 떠도는 소문들을 나열하거나 근거 없는 억측 등을 담은 뉴스를 내보내 특정 후보를 흠집 내려는 경우도 있어.

만약 특정 후보의 도덕성에 대해 문제 삼을 만한 일들이 생긴다면, 그 사건의 사실 관계를 제대로 취재해 최대한 객관적인 보도를 하는 게 맞겠지. 그리고 이를 기사화하면서 후보 측에 이 내용이 정말 맞는지 묻는 등 사실 확인 과정도 거쳐야할 거야. 만약 답을 듣지 못했을 경우엔 "후보 측에 연락을 취했지만 기다려 달라는 말만 남긴 채 일주일 넘게 연락이 두절된 상태" 등 상황을 설명하면 좋겠지. 이런 과정 없이 '이 사람 도덕성에 문제가 있는 것 같더라. 근거는 없지만……' 식의 보도 방식 역시 일종의 편파 보도라고 할 수 있어.

여론조사를 악용하는 편파 보도도 있어. 실제 언론중재위원회가 지난 2021년 2월 6일부터 5월 7일까지 운영한 4·7 재보궐선거 선거기사심의위원회에서 꼽은 불공정 보도 유형을 보면 여론조사 관련 보도가 48.6%(18건)로 가장 많은 비중을 차지했어. 제재를 받은 여론조사 보도의 문제는 뭐였을까?

바로 오차 범위 이내 여론조사 결과를 두고 제목과 본문에 '우세' '이겼다' '역전' 등의 표현을 사용하거나 '오차 범위 내에서 앞섰다'고 언급하는 등 특정 후보의 우위를 단정적으로 보도했다는 게 문제로 지적됐지.

'오차 범위 내에서 이겨' 등의 표현이 뭐가 문제인지 잘 모르겠다는 이들도 있을 거야. 예를 들어 볼게. 'A후보, 오차 범위 내 B후보 이겼다!' 국회의원 선거철, 한 신문에서 유력 후보인 두 후보에 대한 여론조사 결과를 이런 제목으로 소개했다고 가정하자. 기사 내용을 보면, A후보 지지율 48%, B후보는 지지율 46%로 A후보가 근소한 차이로 앞서 있었어. 그리고 "신뢰수준 95%, 오차 한계 ±3%포인트다"라는 설명도 있었지. 그런데 제목처럼 A후보가 B후보를 이겼다고 해석하는 데는 문제가 있어. 오차 한계의 의미를 알면 왜 그런지 쉽게 이해할 수 있을 거야.

기사에선 "오차 한계 ±3%포인트"라고 적었는데 이는 공개된 지지율에서 플러스(+) 마이너스(-)로 3%포인트씩 더하거나 빼야 한다는 의미거든. 즉 A후보의 지지율은 45~51%라는 이야기야. 이는 B후보의 지지율인 43~49%의 범위와 상당 부분 겹침을 알 수 있지. 그런 점에서 A후보가 B후보를 앞섰다고 예단하는 데는 무리가 있어. 전문가들은 '오차 범위 내'에 있을 경우 후보 간 우열을 가리긴 어렵다고 말해. 그런데 여론조사 용어 등을 정확히 잘 모르는 사람들 입장에서는 제목만 보고 'A후보가 이겼구나'라고 생각할 수 있을 거고, 이는 투표 행사에 어떤 식으로든 영향을 끼칠 가능성이 있지. 그런 이유로 언론중재위원회 측은 '오차 범위 내에서 앞섰다'라는 표현이 유권자의 판단에 잘못된 영향을 미칠 수 있다며 주의 또는 권고 결정을 내리기도 했어.

매의 눈으로 읽고, 살피고, 바라보기

편파 보도와 관련해 언론들의 '정파성'(政派性)을 지적하는 사람들도 있어. '정파'(政派)란, 정치적 이해관계에 따라 모인 무리를 뜻하는 말이야.

특히 신문 매체 등은 이렇게 정파성을 띠는 경우가 많아. 진보적 성향의 신문은 진보 성향 정당, 보수적 성향의 신문은 보수 정당 쪽 가치와 일치하거나 혹은 유사한 목소리를 내게 마련이지. 이런 배경에서 신문이 성향이 유사한 각 정당 후보들의 공약과 정치 철학에 대해 더 관심을 기울이는 건 어떻게 보면 자연스러운 일일 수 있어. 게다가 구독률을 높여 광고를 유치하고 수익을 내야 하는 신문 매체의 경우 독자들의 정치적 성향이나 이해관계, 관심사 등도 외면할 수 없겠지.

그런 탓에 모든 사안을 치우침 하나 없이 완벽하게 균형 잡아 보도할 수 있는 매체는 사실상 없다고 봐도 과언이 아닐 거야. 물론 어떤 매체들은 선거철에 시리즈 기획 등으로 출마한 모든 후보에 대한 기사를 비슷한 비중으로 싣기도 해. 유권자들이 모든 후보에 대한, 최대한 객관적인 정보를 고루 접하고 소신 있게 투표를 할 수 있게 하려는 노력이겠지.

반면 선거철 등 정치적 이슈에 대한 관심이 커지는 시기에 사실 관계를 왜곡하거나, 근거 없는 비방 등 완전히 기울어진 보도를 일삼는 매체들도 있다는 점을 염두에 둘 필요가 있어. 이런 경우, 정치 권력과 언론이 손잡고 의도적으로 악의적 보도를 하는 건 아닌지 의심해 봐야 해. 이른바 '권언유착'(勸言癒着)을 경계해야 한다는 거지. 권언유착이란, 언론이 권력과 결합하여 권력의 논리를 추종하거나 옹호하고 이를 통해 이득을 취하려는 현실을 꼬집는 말이야.

앞으로 선거철 여러분이 언론중재위원회 역할을 맡아 편파 보도 사례를 꼽아 보는 건 어떨까? 앞서 말한 '정파성' 등의 요소를 고려할 때 완벽한 균형을 이루지 못함을 지적해 내기란 어려운 일이겠지. 하지만 너무 지나치게 기울어져서 자정 기능을 상실해 버린 매체는 없는지를 매의 눈으로 살필 필요가 있지 않을까?

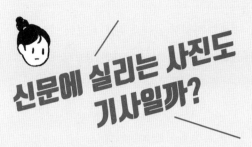

신문에 실리는 사진도 기사일까?

언니, 서울에 새로 들어온 그 카페 인기라며?

응, 나도 갔다 왔어.

방학 때 서울 가면 같이 가자.

뉴스에서는 엄청 줄 선 것처럼 나왔더라.

그럼 아니야? 뉴스 사진에서는 장사진을 쳤던데?

그 사진 때문에 오해가 있는 것 같아.

?

오픈 시간이 좀 늦어져서 그때만 잠깐 줄이 길었거든.

커피 브랜드 상륙 첫날…
출근도 잊은 채 시민 장사진

전 세계적으로 인기를 끄는 브랜드나 제품이 우리나라에서 론칭을 하면 새벽부터 사람들로 장사진을 이뤘다는 뉴스가 종종 나오곤 하지. 대화 속 커피 브랜드 역시 사람들 사이에서 화제를 모았나 봐. 이 경우 긴 글보다는 사진 한 컷으로 현장 상황을 전달하는 뉴스 기사들도 많지. 여러분도 사람들이 줄을 서 있거나 계산대 주변 북새통을 이루는 장면이 기사로 실리는 걸 본 적 있을 거야. 대화에 언급된 포털 뉴스 사진 역시 그런 의도로 촬영했을 테고.

이렇게 신문, 주간 및 월간잡지 등 각종 매체에 사실 전달을 목적으로 싣는 사진을 '보도 사진'이라고 해. 실제 사건이나 시사적인 문제 등을 사진술을 통해 보도한다는 뜻으로 '포토 저널리즘'이라는 말도 쓰이고 있지. 보도 사진은 사진 자체로 사건을 보여 주는 사진 그리고 기사와 함께 실려 기사에 대한 이해도를 높여 주는 사진 등으로 나뉠 수 있어. 보도 사진은 사진을 통해 각종 현상, 정보 등을 전달하는 뉴스의 중요한 요소로 손꼽혀.

보도 사진, 즉 사진 기사에는 '캡션'(caption)이라 불리는

'사진 설명'이 들어가. 여러분도 사진 아래쪽에 작은 글씨로 한두 줄 정도 달려 있는 사진 설명을 본 적 있을 거야. 사진 유형에 따라 다를 수 있겠지만 일반적으로 보도 사진에 들어가는 설명에는 촬영 날짜, 등장 인물명 등 '정보'가 담겨 있어. 짧은 한두 줄이지만 언제, 어디서, 누가, 어떻게, 무엇을 하고 있는지를 전달하기 때문에 사진 설명 역시 중요한 기사 구성 요소라고 할 수 있어.

예를 들어, 한 매체가 그해 칸 영화제에서 황금종려상을 수상한 인물들이 함께 모인 장면을 사진 한 컷에 담아 보도했다고 생각해 보자. 사진 아래에는 '(왼쪽부터) 감독 △△△ 씨, 제작자 ◇◇◇ 씨, 배우 ○○○ 씨' 등 사람 이름이 차례대로 나열되어 있겠지. 그런데 기자의 실수로 감독과 제작자 이름 순서가 뒤바뀌어 잘못 나갔다면? 그리고 이 기자가 소속된 매체와 계약을 맺은 다른 매체들이 '제공'이라는 표기를 붙여 이 사진을 그대로 인용했다면? 아마 많은 이들이 제작자 얼굴을 보면서 '이 인물이 황금종려상을 수상한 감독이구나'라고 오해하는 상황이 벌어졌겠지? 사진 설명은 사진 아래 짧고, 작게 들어가기 때문에 별것 아닌 것처럼 여겨질 수 있지만 사실 중요한 정보를 제공하는 또 하나의 기사라고 할 수 있어.

한 컷의 사진이 끼치는 커다란 영향력

보도 사진은 헤드라인과 더불어 신문 등 매체를 볼 때 우리 눈에 가장 먼저 들어오는 요소로 꼽히곤 해. 수많은 단어들과 문장으로 이루어진 기사보다는 그날 주목해야 할 이슈를 담은 한 컷의 사진이 더 시선을 끌기 쉽지.

사실 보도 사진은 세상에서 일어나는 일들을 더 많은 사람들에게, 더 널리, 효과적으로 전달하는 데 큰 역할을 해 왔어. 사진기가 발명되기 전 신문 기사는 글자로만 이루어져 있었기 때문에 각종 정보는 일부 글을 읽을 수 있는 이들 사이에서만 화제가 되다가 입소문을 통해 다른 이들에게 서서히 알려지는 경우가 많았지. 그러다 사진기가 발명되고, 발전에 발전을 거듭하며 휴대가 편해지면서 사진 한 장으로 세상일을 알릴 수 있는 시대가 열렸어. 글로 이루어진 기사의 영향력도 물론 크지만 보도 사진의 영향력을 그보다 결코 작다고 말할 수는 없을 거야.

생각해 보자. '건물 화재 참사' 상황을 말이나 글로 설명할 수도 있지만 참사 현장에서 건물이 재가 된 장면을 찍은 보도 사진 한 컷이 참담한 상황을 직관적으로 보여 주는 데 더 효과적일 수 있겠지. 한편, 여름철 폭염에 관한 기사가 나갈 때 신문들은 폭염에 녹아내린 아스팔트 모습을 찍어 보여 주기도 해. 글로 이루어진 기사와 함께 이 같은 관련 보도 사진을 접한 뉴스 소비자들은 폭염이 얼마나 심한지 더욱 직관적으로 체감하게 되겠지.

그런데 보도 사진과 관련해 많은 사람들이 오해할 수 있는 부분도 있어. 신문을 비롯해 각종 매체에 나오는 보도 사진들은 매우 객관적이고, 거짓 없이 사실만을 담았을 거라고 생각하기 쉽거든. 글로만 이루어진 기사는 취재원의 이야기를 듣는 등 기자가 기사 속 현장을 직접 경험하지 않고도 그 현장을 그려 낼 수 있지만 보도 사진은 특정 현장을 직접 방문하지 않고는 탄생할 수 없기 때문일 거야. 그런 점에서 보도 사진은 '사실'만을 다룬다고 할 수 있겠지. 여기서 사실이란, '실제로 있었던 일' 또는 '현재 있는 일'을 뜻해. 그런데 사진은 특정 시각과 장소에 특정 시점으로 포착한 '한 컷'이기 때문에 '의도에 따라 선택된' 일부 사실을 보여 준다는 점도 알아야 해.

조금 어려운 얘기지? 만화에 등장한, 커피 브랜드 오픈 소식을 다룬 보도 사진 이야기를 다시 예로 들어 볼게. 이 커피 브랜드가 론칭한 날 일어난 모든 일을 사진 안에 다 담는 건 불가능할 거야. 이날 어떤 사람들이, 얼마나 왔는지를 사진 한 장에 다 담는다는 건 현실적으로 힘든 일이겠지. 대화 속 동생

이 포털에서 봤다던 사진은 특정 시각, 가게 앞에 줄을 선 특정 사람들의 모습, 즉 기자에 의해 '선택된 사실'을 담고 있다고 할 수 있어. 만약 이날 매장을 찾았던 대화 속 언니 말처럼 기자가 몇 분 늦게 사진을 찍었다면 어떤 일이 일어났을까? 아마 조금은 다른 사진이 탄생했겠지.

보도 사진은 이렇게 그 특성상 특정 장소와 시간에 모인 사람들을 사진 기자의 의도에 따라 편집한 한 장면이라고 할 수 있어. "오픈이 좀 늦어져서 그때만 잠깐 줄이 길었거든"이라는 언니의 말과 달리 보도 사진을 찍은 기자 입장에서는 '출근 시간인데 이 정도면 많이 왔네'라고 생각하며 이를 사진에 반영했을 거야. 한편으로는 '새 커피 브랜드 론칭에 사람들이 많이 몰려왔다'는 답을 정해 놓고 여기에 맞춰 사람이 많아 보이도록 사진을 찍는 등 '왜곡 보도'를 하는 사례도 있을 수 있고.

이처럼 사진 기자들이 찍은 사진에는 '관점'이 반영돼. 똑같은 장소, 시각에 똑같은 상황을 촬영하는 데도 각기 다른 사진이 나오는 사례는 흔하디흔해. 쉽게 말해 '관점이 다른 사진'을 보며 그 사진을 실은 언론사가 그 사진과 관련한 사안을 어떻게 바라보는지를 알아차릴 수 있어.

서로 다른 사진에서 메시지의 차이를 찾아보자

또 하나의 예로 두 나라의 정상이 만나 회담을 하고 악수하는 장면을 찍은 보도 사진을 이야기해 볼게. A신문은 양국 대표의 손을 정중앙에 놓고 좌우대칭이 될 만큼 동등한 비율로 두 정상의 모습을 담아냈어. B신문도 똑같이 악수하는, 같은 순간을 포착하긴 했지만 양측 정상 가운데 한쪽 인물에 좀 더 큰 비중을 둔 사진을 실었지. 이런 경우 각각 A신문은 이번 회담이 굉장히 동등한 의미에서 이루어졌음을 보여 주려고, B신문은 좀 더 비중을 둔 정상 측 국가가 이번 회담에서 권력 우위에 있음을 드러내려고 이런 사진을 찍었을 수 있어.

일반적으로 인물 사진의 경우 그의 전신을 아래서 위로 올려다보는 식으로 찍으면 그 인물의 권위적인 면모가 부각된다는 이야기를 많이 해. 그리고 주름, 점, 모공 등이 보일 정도로 얼굴 가까이 클로즈업을 하면 누군가의 인간적인 면모가 더욱 잘 느껴진다고도 하지. 그런 이유로 정치인 등의 부드러운 면을 보여 주려면 가까이에서, 권위적인 면을 강조하려면 멀리서 혹은 아래서 위로 올려다보는 각도로 사진을 찍으라고 말하는 이들도 있어.

사진은 서로 직접적인 관계가 없는 상황을 한 컷에 담아 그

것들이 마치 깊은 연결고리가 있는 것처럼 보여 줄 수도 있어. 예를 들어, 더운 여름날 대도시 전광판에 '집값 폭등'이라는 내용의 뉴스가 나오고, 그 아래 30~40대로 보이는 직장인들이 잔뜩 인상을 찌푸리며 담배를 피우고 있는 모습을 담은 보도 사진이 실렸다고 가정해 보자. 보는 이들은 이 사진이 주는 정보 그리고 분위기를 통해 "집값이 크게 올라 직장인들 시름이 깊어지고 있구나"라고 짐작하게 돼. 하지만 잘 생각해 봐. 전광판 뉴스와 담배 피는 직장인들이 반드시 연관 있다고 말할 수 있을까? 이들은 그저 '업무 중 잠깐 쉬며 담배를 태우러 나왔을 뿐인데 때마침 햇볕이 너무 뜨거워서 얼굴을 찡그렸던 것'이고, 우연히 전광판에 집값 관련 뉴스가 나왔을 수도 있잖아.

이렇게 보면 보도 사진은 다층적인 의미를 담은 일종의 '메시지'처럼 읽히기도 해. 사진은 직관적이기 때문에 비슷하면서도 다른 사진 두 컷을 놓고 '메시지의 차이'를 이야기해 보는 데 그리 오랜 시간이 들지 않아. 뉴스를 비판적으로 이해하는 눈을 기르고 싶은데 글로만 이루어진 기사를 보는 게 부담스럽다면 신문 속 보도 사진이 전하는 메시지 먼저 톺아보는 건 어떨까?

그리 어렵지 않을 거야. 여러분이 매일 접속하는 온라인 포털 사이트 속 뉴스 코너에 올라오는 다양한 보도 사진부터 시작해 보라고 말하고 싶어.

다시 보자! 뉴스 속 그 표현 ①

한쪽으로 기울어진 표현은 NO!

특정 뉴스 속에 어떤 집단이나 계층에 기울어진, '편향된' 표현이 들어가 있진 않은지도 눈여겨볼 필요가 있어. 이를 통해 이 뉴스가 한쪽 주장만을 일방적으로 대변하고 있는 건 아닌지 말이야.

"정부 집회 강행 시 공권력 투입 시사"

⇨ '공권력 투입'은 정부·경찰 입장만을 대변해 시위 진압 또는 경찰 투입 등을 정당화할 수 있는 용어야. 실제 합법적인 집회와 관련 기사에서 이를 사용해 합법 집회를 마치 불법 집회인 것처럼 비춰지게 한 적도 있다고 해.

"파업으로 경제에 타격"

"지하철 파업으로 시민들 출근길 대란 예상"

⇨ '파업'과 '경제 타격' 그리고 '출근길 대란 예상' 등을 연결한 이런 뉴스들은 파업이 우리 사회에 민폐를 끼친다는 식의 프레임을 만들어 내기도 해. 중요한 건 노동자들이 왜 파업했는지 이유 등 쟁점을 짚어야 하는 걸 텐데 말이야.

2장

이건 진실, 저건 사실…
대체 뭘 믿어야 하죠?

좋은 뉴스란 어떤 뉴스일까? 정확한 정보를 객관적으로 알려 주는
뉴스겠지. 가짜뉴스가 나쁜 이유는 잘못된 정보를 퍼뜨리면서
누군가에게 상처를 입히고 사회 혼란을 부추기기 때문이야.
범람하는 뉴스 속에서 길을 헤매지 말고 스스로 '팩트 체커'가 되자.

진짜보다 더 진짜 같은, 가짜의 세계

코로나19 추격전 영상, 자작극으로 밝혀져

국내 코로나19 확진자가 나온 2020년 1월 말부터 우리 사회에는 마치 바이러스처럼 퍼진 게 또 하나 있지. 바로 '코로나19 가짜뉴스'였어. 여러분도 아마 코로나19 관련 다양한 가짜뉴스를 접해 봤을 거야. "X번 환자가 퇴원을 요구하며 의료진의 마스크를 벗기고 몸싸움을 벌였다" "소금물을 입 안에 뿌리면 코로나19에 안 걸린다" 등 불안감을 조성하는 뉴스부터 잘못된 정보를 유포하는 뉴스까지 유형도 참 다양해.

두 친구 대화 속에 나오는 유튜버들의 이른바 '추격전 영상' 역시 코로나19 가짜뉴스 중 하나라고 할 수 있어. 이 유튜버들은 한 남자를 코로나19 확진자로 설정하고, 방진복을 입은 사람들이 그의 뒤를 쫓는 식으로 자작극을 벌였어. 이 상황이 연출된 것임을 모르는 시민들은 이를 실제 상황으로 알고 불안에 떨었지. 이뿐만이 아니야. 사람들 사이에선 해당 역사가 있는 시 당국에서 "모의 훈련을 한 것"이라는 유언비어까지 돌았어. 가짜뉴스가 일종의 또 다른 가짜뉴스를 낳은 셈이지. 이 유튜버들은 어떻게 됐을까? 이들은 역사 운영 관리 업무를 방해하고, 시민들에게 불안감을 조성한 혐의로 불구속 기소 처분을 받았어.

"왜 이런 영상을 찍었느냐?"라는 질문에 유튜버들은 "코로나19에 대한 경각심을 고취하기 위한 목적으로 이런 일을 벌였다"고 대답했어. 하지만 누가 봐도 이 영상은 경각심보다는 공포심과 불안감을 키우는 영상에 불과해. 사람들은 불안과 공포라는 감정을 불편해하면서도 이를 유발하는 각종 자극적인 소식에 관심을 기울이곤 하지. 이 유튜버들은 이런 심리를 이용해 유튜브 조회 수를 올리려고 했을 거라는 게 대다수 사람들의 생각이야.

이런 감염병 관련 가짜뉴스들은 각종 소셜미디어를 통해 널리 확산하면서 사회에 큰 혼란을 주기도 했어. 이렇게 질병에 대한 잘못된 정보가 소셜미디어를 타고 퍼져 나가는 것을 가리키는 말도 있어. 정보(Information)와 전 세계적인 전염병(Pandemic)의 합성어인 '인포데믹'(Infodemic)이 바로 그것이야. 마음이 불안하고 막막할 때는 그 무엇에라도 의지하고 싶어지는 게 사람의 심리잖아. 이런 마음 상태에서는 정보의 신빙성을 따지기보다 일단 어떤 정보든 무차별적으로 받아들이기가 쉬워. 요컨대 인포데믹은 이렇게 불안 상황에서 등장해 사회적 혼란을 가중시키는 나쁜 정보라고 할 수 있지.

잘못된 정보의 위험하고 위태로운 폭발력

그렇다면 요즘 우리가 흔히 말하는 '가짜뉴스'는 대체 어떤 뉴스를 말하는 건지 그 정의부터 제대로 살펴볼까? 가짜뉴스의 정의 그리고 범위에 대해서는 아직 사람들마다 의견이 갈리고 있지만 현재까지 나온 의견들을 종합해 보면 대략 이렇게 정의할 수 있을 것 같아.

가짜뉴스: 정치·경제적 이익을 위해 의도적으로 언론 보도의 형식을 띤 채 유포된 거짓 정보.

이는 2017년 2월 14일 한국언론학회·한국언론진흥재단 주최 '가짜뉴스 개념과 대응방안' 세미나에서 정리한 개념이야. 여기서 '의도적으로'라는 대목에 주목할 필요가 있어. 즉, 가짜뉴스는 '어떤 의도를 갖고' '일부러' 잘못된 정보를 내보내는 걸 뜻한다고 보면 돼.

가짜뉴스를 만드는 사람들은 도대체 어떤 이유로 이런 뉴스를 만들고 유포하는 걸까? 전문가들은 가장 큰 이유로 '돈'을 꼽곤 해. 이를 말해 주는 가장 대표적인 사례가 바로 2016년 미국 대통령 선거 관련 가짜뉴스지.

당시 대선 운동 기간에는 도널드 트럼프 후보에 유리하고, 힐러리 클린턴 후보에는 불리한 가짜뉴스가 많이 나왔어. "프란치스코 교황이 트럼프 후보를 공개적으로 지지했다"와 "힐러리 클린턴 후보가 테러 단체인 이슬람 국가(ISIS)에 무기를 판매했다"라는 이 두 뉴스가 대표적이었지. 당시 여론조사를 보면 도널드 트럼프 후보의 당선이 조금 어려울 것으로 점쳐졌지만 실제 선거에선 이변이 일어났어. 사람들은 도널드 트럼프가 대통령으로 당선되는 데는 가짜뉴스 영향이 상당히 컸을 거라고 분석했지.

"혹시 도널드 트럼프 후보 지지자들이 만든 뉴스 아닐까요?"

처음에 사람들의 반응은 대부분 이랬어. 아무래도 선거와 관련한 이슈라서 이러한 이야기를 들으면 그 뉴스들 뒤에 정치적인 배경이나 어떤 음모가 깔려 있을 거라 생각하기 쉽잖아. 흥미롭게도 실상은 예상을 완전히 벗어났어. 이 가짜뉴스를 만든 사람들은 마케도니아 벨레스라는 소도시에 사는 10대 후반 청소년이었어. 이들에게 트럼프 혹은 힐러리 중 누가 당선될 것인가는 중요한 일이 아니었어. 이들은 그저 각종 자극적인 뉴스가 '많은 수의 클릭을 유도'하기에 이런 일을 벌였던 거지.

여러분도 온라인에서 뉴스를 접해 봐서 알겠지만, 뉴스 기사 옆에는 각종 광고 배너들이 붙어 있어. 온라인 뉴스 콘텐츠를 만드는 곳들은 이런 광고 수익을 통해 운영을 하는 게 일반적이야. 특정 뉴스 제목을 보고 뉴스를 클릭해 들어온 사람 수에 따라 그만큼의 광고비를 받는 셈이지. 그런데 미국 대선 가짜뉴스처럼 자극적인 제목을 단 뉴스들은 사람들의 시선을 사로잡아 많은 클릭을 유도할 가능성이 높아. 이른바 '돈 되는 뉴스'라는 거야.

물론 모든 가짜뉴스가 돈만을 노리고 나오는 건 아니야. 전문가들에 따르면 정치적인 목적으로 만들어진 가짜뉴스들도 많다고 해. 사실이 아닌데 마치 사실인 것처럼 뉴스를 만들어 자신이 지지하는 정당 측에 유리한 쪽으로 여세를 몰아간다거나 자신이 지지하지 않는 정당 측에 부정적인 이미지를 심으려는 속셈으로 가짜뉴스를 만들어 내는 거지. 선거철 후보자나 후보자의 가족에 대해 가짜뉴스를 퍼뜨리는 경우가 여기에 속하겠지.

한편, 다른 사람에게 자신의 존재감을 드러내고자 가짜뉴스를 유포하는 이들도 있어. 우리가 보통 가짜뉴스를 접하고 퍼나르는 공간은 SNS잖아. 이런 채널에 자극적이고 사람들의 눈길을 끌 만한 기사를 게시하면 자기 채널의 조회 수가 올라가고, 그만큼 자신의 존재 의미를 인정받는다고 느끼는 것이지.

가짜뉴스가 나쁜 이유는 잘못된 정보를 퍼뜨리면서 누군가에게 상처를 입히고, 사회 구성원의 통합을 방해하며, 사회적 혼란을 초래한다는 데 있어. 더 나아가 사람들 사이에 '혐오'라는 감정을 끌어내기도 하지. 코로나19 가짜뉴스만 봐도 그래. 누군가 "어느 가게에 확진자가 나왔는데 그 앞을 지나가기만 해도 코로나19에 걸려 사망한다"는 가짜뉴스를 퍼뜨렸다고 가정해 보자. 동네 사람들은 그곳 근처에는 얼씬도 하지 않겠지. 뉴스에 언급된 가게는 물론이고 주변 가게들까지 운영이 어려워질 거야. 사람들 사이에서는 "코로나19 확진자가 다녀간 가게에 가면 목숨을 잃는다"는 식의 잘못된 정보가 마구 돌아다닐 거고.

이는 코로나19 확진자에 대한 부정적 감정을 싹트게 하는 계기가 될 수 있어. 잘못된 정보 하나가 사회 혼란을 유발하고, 결국 혐오라는 감정까지 불러일으키는 건 순식간이야.

진짜를 가려내는
'팩트 체커'(Fact Checker)가 되자

　사실 가짜뉴스 사례는 역사 속에서도 어렵지 않게 찾을 수 있어. 한 예로 백제 무왕이 쓴 '서동요'는 무왕이 선화공주와 결혼하기 위해 거짓 정보를 노래로 만들어 퍼뜨린 일종의 가짜뉴스였지. 또 있어. 관동대지진이 났을 때 일본 정부는 책임을 회피하기 위해 조선인들이 방화와 강도 등을 일삼고 있다는 허위 사실을 퍼뜨렸어. 이로 인해 일본 민간인과 자경단이 우리 동포를 학살하는 비극까지 벌어졌어.

　문제는 최근 들어 '지능형 가짜뉴스'가 등장하고 있다는 점이야. 누군가 악의적으로 만들어 내는 가짜뉴스가 눈부신 속도로 발전하고 있는 각종 영상 및 AI 기술과 만나면 더욱 혼란스러운 상황을 야기할 수 있다고 우려하는 목소리도 많아. 실제로 미국에서는 버락 오바마와 조지 W 부시 전 대통령의 표정과 말투를 본뜬 가짜영상이 등장한 적도 있어.

　가짜뉴스 시대에 우리가 해야 할 건 무엇일까? 가짜뉴스의 덫에 빠지지 않으려면 스스로 '팩트 체커'가 되는 게 중요해. 번거로운 일이지만 이 뉴스가 진짜일지 아닐지를 감별하는 과정을 거쳐야 한다는 이야기야. 가짜뉴스가 범람하자 국내외 다양한 기관·단체에서 가짜뉴스 판별법도 내놨어. 그중 국제도서관연맹에서 제시한 가이드를 잘 숙지해 두자. (아래에 정리해 놓았으니 참고하면 좋을 거야.)

뉴스를 보며 진짜인지 가짜인지 확인해야 한다니, 참 귀찮은 일이지? 하지만 "가짜뉴스? 뭐, 아니면 말고요!"라는 식으로 가짜뉴스를 가볍게 여기다가는 큰 코 다치게 되는 상황이 얼마든지 벌어질 수 있어. 가짜뉴스는 여러분이 생각하는 것보다 그 독성이 매우 강하다는 사실을 잊지 말자고!

⟦ 가짜뉴스 판별 가이드 ⟧

국제도서관연맹은 가짜뉴스를 판별하는 방법으로 다음과 같이 여덟 가지 가이드를 제시하고 있어. 각각의 항목들이 어떤 의미를 담고 있는지 살펴볼까?

☑ **출처 밝히기**: 해당 뉴스 사이트의 목적이나 연락처 등 확인

☑ **본문 읽어 보기**: 제목은 관심 끌기 위해 선정적일 수 있는 만큼 전체 내용을 꼼꼼히 확인

☑ **작성자 확인하기**: 작성자가 실존 인물인지, 어떤 이력을 가졌는지 등을 확인해 믿을 만한지 판별

☑ **근거 확인하기**: 관련 정보가 뉴스를 실제로 뒷받침하는지 확인

☑ **날짜 확인하기**: 오래된 뉴스를 재탕 또는 가공한 건 아닌지 확인

☑ **풍자 여부 확인하기**: 뉴스가 너무 이상하다면 풍자성 글일 수 있음

☑ **선입견 점검하기**: 자신의 믿음이 판단에 영향을 미치지 않았는지 판단

☑ **전문가에게 문의하기**: 해당 분야 관련자나 팩트 체크 사이트 등에 확인

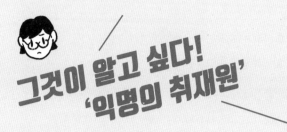

그것이 알고 싶다! '익명의 취재원'

유명 연예인의 이혼 소식을 다룬 뉴스야. 텔레비전이나 유튜브 등에서 우리가 자주 접하는 연예계 소식 중에서도 연예인들의 사생활과 관련된 뉴스는 특히 더 화제가 되곤 하지. 그런데 뉴스 진행자와 기자의 대화를 가만히 듣고 있다 보니 마음이 씁쓸해지기도 해. 이혼은 살다 보면 누구나 할 수 있는 선택이잖아. 어떤 면에서든 당사자들에겐 상처가 되는 일이고. 그럼에도 관련 소식을 전하는 이들의 태도는 너무 예의가 부족해 보이지. "팬들의 충격이 크겠다"라고 말하면서도 곧 이 표현이 무색하게 "쇼윈도 부부라는 소문"이 있었다며 마치 가십거리 다루듯 가볍게 얘기하고 있지.

가십(gossip)이란, 신문이나 잡지 등에서 개인의 사생활과 관련한 소문이나 험담 따위를 흥미 위주로 다룬 기사를 뜻하는 말이야. "어? 이런 식의 연예 기사 전에도 많이 나왔는데……"라고 말하는 친구들도 있을 거야. 맞아. 연예인들은 대중들에게 잘 알려져 있다는 이유만으로 언론의 가십 대상이 되지.

그런데 이 뉴스의 문제는 이렇게 두 사람의 이별을 흥미 위주로 전달했다는 데 그치지 않아. 사실 더 큰 문제가 있어. 공식적으로 확인되지 않은 내용을 마치 사실인 것처럼 보도했다는 점이야.

이 뉴스에서 유독 눈에 띄는 표현이 있어. '익명의 취재원' '업계 주요 관계자' 등이 바로 그것이야. 기자는 두 사람의 이혼 소식 출처를 정확하게 밝히지 않고 있어. 애초 당사자 측에서 공식적으로 인정하지도 않은 사생활을 보도하는 것도 큰 문제이지만, 취재원을 명확히 밝히지 않았다는 점이 이 뉴스의 신뢰성을 더욱 떨어뜨리고 있어.

이 뉴스를 보면 뒤이어 여러 궁금증이 생길 수도 있어. "두 연예인의 사생활에 대해 이렇게 자세히 알고 있는 익명의 취재원과 업계 관계자는 과연 누구일까?" 하지만 대다수 사람들은 그보다는 '두 사람이 이혼했다'는 데만 집중하기 쉽지.

익명의 이름으로, 존재하는 사실과 존재하지 않는 사실

여러분에게 비교적 익숙한 연예 기사를 예로 들었지만, 우리가 접하는 뉴스들 중에는 분야를 막론하고 이렇게 '익명 보도'를 남발하는 경우가 참 많아. 익명 보도란, 정보를 전달한 취재원이나 사건의 중심에 있는 당사자 이름을 밝히지 않는 보도를 뜻해. 익명 보도가 필요한 경우도 물론 있긴 해. 취재원의 안전을 고려해야 하거나 그가 불이익을 받을 위험이 있는 경우가 대표적이지.

예를 들어 볼게. 한 식품 기업에서 자사 제품에 인체에 유해한 성분을 넣었어. 직원들이 이 사실을 알게 되자 회사 측은 이를 무마하려 들었지. 그런데 이를 보다 못한 한 직원이 내부 고발을 했어. 그는 "많은 국민들이 먹는 제품이기 때문에 이를 폭로하는 게 공공의 안전을 위해 바람직하다는 생각했다"라고 했어. 참고로 내부 고발이란, 특정 집단의 구성원이 내부에서 일어나는 부정부패와 비리를 외부에 알림으로써 공공의 안전과 권익을 지키는 것을 뜻하는 말이야. 그런데 이 직원은 기자에게 "내 이름만은 밝히지 말아 달라"고 사정했어. "회사 측에서 협박·회유를 하거나 불이익을 줄 수도 있기 때문"이라는 게 그 이유였지.

여러분이 이 사건을 취재하는 기자라면 어떤 판단을 했을 것 같아? 맞아! 취재원이 위협, 부당한 취급 또는 불이익 등을 받을 수 있기 때문에 그의 말을 인용하되 '익명의 취재원에 따르면'이라는 식으로 보도하는 게 맞겠지.

이처럼 익명의 취재원을 통해 세상에 반드시 알려져야 할 일들이 공개된 사례도 있어. 1972년 6월 미국에서 일어난 일이야. 대통령 선거를 앞둔 닉슨 대통령의 측근이 닉슨의 재선을 위해 워싱턴의 워터게이트 빌딩 내 민주당 본부에 침입해 도청 장치를 설치하려 했던 사건이 발생했어. 이른바 '워터게이트 사건'이지. 당시 미국 〈워싱턴포스트〉는 이 사건과 관련한 중요한 정보를 보도하면서 '딥 스로트'라고 불리는 익명의 취재원의 말을 인용했어. 딥 스로트라고 불린 이 취재원은 〈워싱턴포스트〉의 기자 칼 번스타인과 밥 우드워드에게 워터게이트 사건의 단서를 제공한 내부 고발자를 부르는 일종의 암호명이었어.

이 사건처럼 익명의 취재원을 통해 세상에 알려져야 할 중요한 사건이 세상에 알려지는 일이 있는가 하면, 반대로 익명의 취재원이라는 표현을 이용해 뉴스가 조작된 경우도 있어. 2003년 〈뉴욕타임스〉 기자였던 제이슨 블레어는 이라크 전쟁 참전 용사와 가족 들을 익명의 취재원으로 보도했지만 이들은 모두 허구의 인물들인 것으로 드러났어.

익명 보도는 밝히기 어려운 내부 정보를 전할 수 있는 창구이기도 하지만 반대로 조작 가능성이 있다는 위험성 또한 지니고 있어. "지미는 여덟 살이고 3대째 헤로인 중독자다……."

1980년 9월 28일 자 〈워싱턴포스트〉 1면은 마약에 찌든 여덟 살 소년의 일상을 생생하게 쓴 기사로 화제를 모았어. 이 기사를 쓴 기자 재닛 쿠크는 이듬해 언론계 최고 권위로 불리는 퓰리처상까지 받았지. 하지만 실제 지미라는 소년은 존재하지 않는 인물이었어.

앞서 소개한 제이슨 블레어 사건을 계기로 〈뉴욕타임스〉는 익명 취재원 보도와 관련한 원칙을 만들었어. 우선 세 가지 조건을 충족할 때 기사에 '미확인 취재원'을 쓸 수 있다고 규정했지. 아래 내용이 바로 그것이야.

1) 믿을 만하고 뉴스 가치가 있는 정보를 실명으로는 도저히 얻을 수 없을 때
2) 그런 정보는 보도를 늦출 수 없을 정도로 중요하고, 시급할 때
3) 그 정보를 다른 방법으로는 결코 얻을 수 없을 때

사양하겠습니다, 카더라 통신

사실 우리나라에서는 익명의 취재원과 관련해 아직 이렇다
할 규제나 원칙이 없어. 그래서인지 지나치게 익명의 취재원
을 남발하고 있는 것 같아. 비단 이 표현뿐일까. '익명의 소식
통에 따르면' '외신에 따르면' '관계자에 따르면' 등을 비롯해
심지어 어떤 기사는 기존에 나온 다른 언론사의 기사 내용을
인용해 '한 주요 언론에 따르면'이라는 표현을 쓰기도 하지.

여기서 나오는 '소식통' '외신' '관계자'가 누구이고, 그 범주
가 과연 어디까지인지 궁금증이 생기기도 해. '검찰 관계자에
따르면'이라고 할 때, 여기서 '관계자'는 이 표현을 쓴 기자 본
인을 뜻할 수도 있는 거 아니냐는 우스갯소리도 나올 정도야.
검찰에 출입하는 기자 역시 '관계자'의 범주에 해당한다 볼 수
도 있기 때문에 기자 본인이 자신의 생각을 써 놓고 '검찰 관
계자'라고 적은 게 아니냐는 뜻이지. (요즘은 이런 걸 빗대어 '뇌
피셜'이라는 단어까지 등장했지.)

어떤 관점을 미리 정해 두고, 그 주장에 대한 근거로서 익명
의 취재원의 말을 활용하여 끼워 맞추기식 보도를 하는 경우
도 참 많아. 그래서 이것이 진짜인지 가짜인지를 구분하기 어
려운 고도의 가짜뉴스도 많이 나오고 있지.

뉴스를 날카로운 눈으로 제대로 볼 줄 아는 사람이라면, 익명 보도가 불가피한 경우를 알아차릴 수 있을 거야. 문제는 누가 봐도 익명 보도를 할 필요가 없는 사건에 대해서도 이런 식의 보도를 하는 경우가 많다는 점이야.

만화에 언급된 연예 기사도 마찬가지야. 여러분이 연예부 기자라고 생각해 보자. 어디선가 "연예인 잉꼬부부가 이혼했다"는 제보를 입수했어. 이 경우 어떻게 해야 할까? 우선 이들 소속사에 연락해 사실 여부를 확인하는 게 맞겠지. 그런데 현실에서는 이런 과정을 거치지 않은 채 기사를 내보내는 사례가 적지 않아. 왜 그럴까?

아마도 시청률 또는 조회 수를 높일 만한 자극적인 뉴스를 생산해 내야 한다는 강박 때문은 아닐까? 이렇게 보면 무분별하게 익명의 취재원이 등장하는 기사에 쉽게 현혹되지 않는 태도도 필요하겠지? 또한 이런 뉴스에 "누가 그랬다더라"라는 식의 추측성 이야기까지 덧붙여 근거 없는 소문을 퍼뜨려서도 안 된다는 것, 잊지 말자고!

숫자의 함정에
빠지지 않는 법

2월 청년실업률 지난달보다 5% 상승…
청년층 고민 깊어지나

청년 실업률 뉴스를 접하며 한 부부가 나눈 대화야. 청년 실업률, 취업률 뉴스는 여러분도 미디어를 통해 자주 접하는 소식 중 하나지? 기사를 읽다 보면 이렇게 '○○률'이라는 말이 붙은, 즉 '통계'를 근거로 한 기사들을 많이 볼 수 있어. 통계는 일상생활 속 여러 현상에 대한 자료를 한눈에 알아보기 쉽게 수치로 나타낸 것을 뜻하는 말이야. 당시 사회 현상을 보여 주는 지표가 되기 때문에 중요한 정보라 할 수 있어.

통계는 우리가 생각하는 것 이상으로 여러 분야에서 쓰이고 있어. 한 예로, 기업들은 어떤 사람들이 자사의 서비스나 상품을 선호하는가를 통계로 분석하고, 그 대상 집단에 맞춤한 각종 홍보 활동을 펼쳐. 통계는 국가 정책을 수립하는 데도 중요한 근거 자료로 쓰일 수 있어. 예를 들어, 우리나라에서 1인가구 대상 맞춤형 복지 정책을 내놓을 경우 실제 우리나라 1인가구수가 얼마나 되며, 어떤 지역에 많이 분포되어 있는지 등을 조사한 통계 자료가 중요한 근거가 될 수 있어. 그 밖에 정부가 나라 예산을 배분할 때도 통계는 매우 유용하게 사용되곤 해.

기자들은 종종 정부 부처를 비롯해 국책 연구소, 민간 연구소, 통계청, 각종 협회 등 다양한 기관에서 제공한 통계 보도 자료를 바탕으로 기사를 작성해. 여기서 보도자료란, 각종 행정 기관 및 민간 기업 등에서 언론에 배포할 목적으로 발표한 문서를 뜻하는 말이야.

기자들에게 제공되는 보도자료의 내용은 제공 기관이나 기업마다 다 달라. "우리 기관(기업)에 이러이러한 새 소식이 있으니 보도해 주세요." 이렇게 소식을 알리기 위해 제공하는 보도자료도 있고, 때로는 어떤 분석이나 연구 결과가 나왔으니 이를 기사에 실어 달라며 제공하는 보도자료도 있어. "우리 기관(기업)에서 이번에 이런 분석, 연구 자료를 발표했으니 보도에 참고해 주세요." 이런 식으로 말이지.

‖ '숫자는 무조건 확실하다'는 착각 ‖

많은 기자들이 통계가 들어간 보도자료를 활용해 기사를 쓰고 있어. 통계가 들어간 기사는 주목도가 높은 편이야. 어떤 측정치가 '높아졌다' 또는 '낮아졌다' 그리고 '대다수 사람들의 의견은 이러하다'는 식으로 직관적인 제시가 가능하기 때문이지. 통계는 기사의 논리를 뒷받침하는 좋은 근거가 되기도 해. 기사에 통계 등 데이터가 포함되어 있으면 자연스럽게 신뢰가 가고, 객관성 또한 높아지는 게 사실이야.

1) 한국 사람들 행복지수 높아
2) 한국인 10명 중 8명 '나는 행복하다' 느껴

위 제목들을 한번 살펴볼까? 1)은 근거 없는 주장처럼 보이지만, 구체적인 숫자(데이터)가 근거로 들어간 2)는 1)과 비교할 때 훨씬 논리적으로 보이지.

하지만 통계 데이터가 들어간 뉴스를 볼 때는 뉴스 소비자들의 날카로운 시각이 요구돼. 통계 자료를 제공한 측에서도 그렇지만, 이런 자료를 바탕으로 기사를 쓰는 기자 측에서 의도적이든 아니든 왜곡하거나 오해할 여지를 만들 수 있기 때문이야.

다시 만화 속 엄마 아빠가 나눈 대화를 살펴보자. 대화 속 기사의 핵심은 '2월 청년 실업률이 지난달보다 5% 상승했다'는 데 있지. 이 뉴스를 본 아빠는 얼마 전 대학을 졸업한 조카들을 걱정하고 있어. 그런데 이 기사는 오해의 소지가 참 많아. 왜냐고?

일단, 취업률은 계절 요인에 따라 변동하는 특징이 있어서 전년도 같은 달과 비교하는 게 일반적이야. 어느 해를 막론하고 2월, 3월은 청년 실업률이 높을 수밖에 없거든. 이 시기는 대학교 졸업 시즌이라 취업 시장에 청년(졸업생)들이 쏟아져 나와. 그래서 실제 올해 2월 실업률을 제대로 보려면 '직전 월'이 아닌 '지난해 2월'과 비교하는 게 정확하겠지. 이렇게 한 해 중 특정 시기에 따라 변화할 수 있는 통계는 그 이전 해 같은 시기와 견줘 변화 정도를 살펴보는 게 적절하다는 얘기야. '2월 청년 실업률 전년 동월보다 5% 상승' 이런 식으로 말이지.

통계가 들어간 기사는 정치적으로 왜곡되기도 참 쉬워. 위 기사 역시 정부의 청년 취업 정책이 효과가 별로 없었다는 점을 비판하기 위해 쓴 것일 수도 있어. 부정적인 여론을 형성할 목적으로 비교치가 적절하지 않은 통계를 인용했을지도 몰라. 물론, 그런 의도가 없었을 수도 있지. 그저 통계 비교치가 적절하지 않은 자료라는 사실을 모르고 이를 인용했을 수도 있어.

특정 기사에 언급된 통계가 어떤 이들을 대상으로 한 것인지도 살펴볼 필요가 있어. '20대 여성, 취업 시장서 남성에 완승!' 이런 제목을 단 기사들이 쏟아져 나왔다고 생각해 봐. '경제활동 참가율'에서 20대 여성이 20대 남성을 앞질렀다는 게 이 기사의 주요 내용이야. 얼핏 그런가 보다 싶지만 경제활동 참가율이 무엇인지 정확히 알고 나면 이 기사의 제목에 오류가 있음을 알 수 있게 돼. 경제활동 참가율은 15세 이상 인구 중 경제활동에 참가하는 인구의 비율을 뜻하는 말이야. 그런데 이 비율에는 취업을 한 경우뿐 아니라 실업자이면서 구직 활동을 하는 이들까지 모두 포함되어 있어. 그렇다면 취업이 안 된 상황에서 구직 활동을 하는 사람들까지 포함된 통계를 가지고 '취업 시장서 완승'이라고 표현하는 게 말이 될까? 이런 기사는 제목을 고쳐야 할뿐더러 기사 안에 경제활동 참가율이 과연 무엇인지 개념 설명을 해 줘야겠지.

꼼꼼히 따질수록 현명해진다

"세상에는 세 가지 거짓말이 있다. 그럴듯한 거짓말, 빌어먹을 거짓말 그리고 통계다."

19세기 영국의 수상 벤자민 디즈레일리가 한 말이야. 통계에는 그만큼 오류와 착시가 일어나기 쉽다는 사실을 꼬집은 것이지. 우리가 언론을 통해 만나는 각종 통계에는 함정이 숨겨져 있을 가능성이 많아. 우선 애초 통계 자료 자체가 부실한 경우가 있지. 또한 그런 통계에 어떤 문제가 있는지 모른 채 인용해 버린 경우도 있을 거야. 통계 자체는 틀리지 않았지만 그것을 필요에 따라 입맛대로 골라 쓰면서 왜곡한 사례들도 있을 테고. 그렇기 때문에 통계가 나오는 기사에는 더 날카로운 독해 능력이 필요해.

통계가 들어간 기사를 볼 때는 어떤 태도를 갖는 게 좋을까? 우선 제목에 쉽게 현혹되지 않았으면 해. 위에 언급한 사례만 보더라도 '취업시장 완승'이라는 제목만 보면 정말 그런가 하고 넘어가기 쉽겠지. 사실 이렇게 독자의 오해를 부르는 제목은 비단 통계가 들어간 기사에만 달리는 건 아니야.

한편, 기사 속 통계가 무엇을 조사한 통계인지를 정확하게 파악할 수 있어야 해. 취업 관련 기사를 예로 들어 보면, 그 기사 속 통계가 '경제활동 참가율'을 말하는 건지, '취업률'(15세 이상 인구 중 취업자의 비율)을 말하는 건지 등을 정확하게 따져 보는 것도 필요해. 또한 표본 수, 조사 방법, 조사 기간 등 가능하다면 이런 항목들까지 확인해 보자. 기사에 언급된 통계 자료가 어디서 나온 것인지 그 출처를 알아보는 습관을 갖는 것도 좋아. 정부 부처를 비롯해 각종 공익 기관에서 나온 자료라면 상대적으로 괜찮겠지만 그렇지 않다면 신뢰도가 떨어지는 자료일 수도 있을 거라는 여지를 남겨 두는 게 좋지.

무엇보다 통계를 근거로 한 기사에는 우리가 모르는 함정이 얼마든지 있을 수 있다는 점을 잊지 말았으면 해. 숫자가 있으면 그럴듯해 보이지만 그게 반드시 '논리적이다'라는 것을 의미하지 않는다는 사실을 잊지 않았으면 좋겠어.

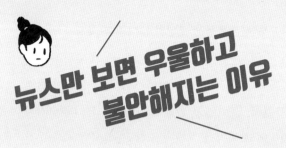

뉴스만 보면 우울하고 불안해지는 이유

조용한 전파
'공포'는 끝없이 계속된다

2019년 12월, 중국에서 원인을 알 수 없는 바이러스가 나타났다는 뉴스가 나온 지 약 한 달 후. 2020년 1월 우리나라에서도 코로나19 확진자가 나왔어. 그 후 긴 시간 동안 많은 사람들이 코로나19라는 바이러스와 싸워 가며 자신의 건강과 일상을 지키려는 노력을 해 왔지. 만화의 두 친구처럼 사람들은 떨어져 지내는 가족이나 친구 등과 대면하지 못한 채 전화나 메신저 등으로 안부를 물으며 일상을 견뎌 왔어.

대화 속 한 친구의 말처럼 코로나19 상황에서 쏟아지는 감염병 관련 뉴스를 접하며 자신도 모르는 새 극도의 우울감을 느끼게 되거나 삶의 의욕이 떨어진 사람들도 분명히 있었을 거야. 사실 감염병이 확산하고 있다는 소식을 접하고 아무 걱정 안 하는 것도 이상한 일이지. 하지만 누가 옆에 지나가기만 해도 무섭다거나, 회사도 가기 싫을 정도라면 이는 걱정할 만한 상황인 것 같아.

코로나19 바이러스가 처음 확산될 당시 대부분 언론은 뉴스 첫머리에 바이러스 관련 기사를 다뤘어. 국민들의 생명과 직결된 매우 중요한 뉴스니까 이를 첫머리에 배치하거나 주요

하게 다루는 게 당연하겠지. 단, 감염병 관련 뉴스는 그 어떤 뉴스들보다 더 신중하고 정확하게 쓰여야 해. 왜 그럴까? 앞서 말한 것처럼 국민들의 안전, 생명과 직결된 매우 중요한 사안을 다루기 때문이야.

두 친구 대화 속에 언급된 뉴스는 어때 보여? 제목에 쓰인 '공포' '끝없이 계속된다' 등의 표현이 눈에 띄지. 이는 막연한 불안감을 조성하는 표현이라고 할 수 있어. 실제로 코로나19뿐 아니라 메르스 등 감염병이 돌 때 이처럼 불안감을 키우게 하는 어휘가 들어간 뉴스들이 많이 나왔어. '공포'는 물론이고, '대혼란' '창궐' '대란' '대재앙' 등의 어휘가 쓰인 이런 뉴스들이 과연 사람들에게 어떤 의미를 줄 수 있을까? 오히려 불안감을 키우고 사회 혼란만 야기하는 건 아닐까? 이런 기사를 계속 접하다 보면 우울감을 느끼는 게 당연할지도 몰라.

이렇게 감염병이 돌 때 언론들은 불안을 조장하는 기사를 내보내는 이른바 '공포 마케팅'을 해. 불안한 심리를 자극하는 제목으로 '클릭'을 유도해 어떻게든 자사 뉴스 사이트 조회 수를 높이려는 것이지. 감염병 시대에는 감염병과 관련해 확인되지 않은 정보를 '단독'이라고 붙여 내보내는 일도 많아. 속보 경쟁이 과열되면서 '중태'를 '사망'으로 내보내는 등 오보가 속출하기도 하고.

감염병에 대한 공포심이 확산되는 여세를 몰아 정치 공세를 하는 경우도 있어. 한 예로, 어떤 확진자가 대구 지역에 거주한다는 이유만으로 보건소 진료를 거부당했다고 보도하는 등 보건당국을 비판하는 기사를 쓴 매체가 있었어. 하지만 동선을 조사한 결과 이 확진자가 보건소에 가지 않았다는 사실이 알려지면서 보도 내용 역시 사실이 아닌 것으로 확인됐지.

감염병 시대에 필요한 뉴스란 무엇일까

사회가 불안하고 혼란스러운 상황에서는 각종 가짜뉴스 괴담이 돌면서 사회 혼란을 부추기는 경우가 참 많아. 비단 우리나라만의 이야기가 아니야. 미국에서는 가짜뉴스 때문에 한 약사가 약 500여 명에게 접종할 수 있는 분량의 코로나19 백신을 무단으로 폐기해 경찰에 체포되는 일도 있어났어. 이 약사는 코로나 백신이 사람들의 DNA에 돌연변이를 일으킨다는 가짜뉴스를 믿고 백신을 폐기했다고 해. 전문가들이 확인한 결과, 백신이 인간의 유전자를 변화시킬 수 있다는 주장은 사실이 아닌 것으로 드러났어. 세계보건기구(WHO) 역시 "코로나19 백신 가운데 사람의 DNA를 바꾸는 것은 없었다"라고 발표했지.

　이런 뉴스들 앞에서 우리 스스로 '진짜 뉴스'를 잘 가려내지 못한다면 생명과 안전마저 위협당하기 쉬울 거야. 감염병 보도가 국민들의 생명 보호와 안전에 직결되는 만큼 언론 역시 이 문제에 대해 주의를 기울이려 노력하고 있어. 지난 2020년 4월 28일 한국기자협회·방송기자연합회·한국과학기자협회가 내놓은 〈감염병 보도준칙〉이 대표적인 예지.

　감염병 시대에 필요한 좋은 뉴스란 어떤 뉴스일까? 감염병에 대한 정확한 정보를 객관적으로 알려 주는 뉴스가 여기에 해당하겠지. 해당 바이러스가 어떤 특징이 있는지, 취약한 집단은 누구인지, 예방법 및 행동 수칙은 무엇인지 등을 정확하게 알려 주는 뉴스 말이야. 또한 감염병이 의심될 때 가 봐야 하는 의료 기관이나 보건소 등에 대한 정보도 정확하게, 구체적으로 알려 줘야 하고. 이런 뉴스에는 일반인들에게는 조금 생소한 의학 용어가 많이 나올 수 있기 때문에 최대한 이해하기 쉽게 풀어서 전달하는 것도 중요할 거야. 그래야 그 기사를 읽고 시민들이 그 병을 제대로 이해하고, 행동 수칙을 일상에서 실천할 테니까. 〈감염병 보도준칙〉 주요 내용 1번인 '감염병 보도의 기본 내용'에도 이런 내용이 담겨 있어. 보도준칙 내용은 이 꼭지를 마치며 좀 더 소개할게.

'불안'이라는 감정은 '마음이 조마조마하고 걱정이 있는 상태'를 뜻하지. 흔히 불안은 부정적인 감정으로 여겨지곤 하지만 꼭 그렇지만은 않다고 생각해. 적절한 불안감은 성과를 내는 데 효과적이거든. 감염병 앞에서도 시민들이 약간의 불안감과 긴장감을 유지한 채 방역 수칙을 잘 지킬 때 바이러스 확산을 막을 수 있지 않을까? 불안할 수밖에 없는 상황이지만 보다 침착하게, 이성적으로, 더 꼼꼼하게 곱씹어 봐야 할 것이 바로 감염병 시대의 뉴스라고 생각해.

감염병 보도준칙

한국기자협회·방송기자연합회·한국과학기자협회가 2020년 4월 28일 제정한 〈감염병 보도준칙〉은 감염병 발생 시 추측성 기사나 과장된 기사가 국민들의 혼란을 야기한다는 점을 명심하고, 감염병을 퇴치하고 피해 확산을 막는 데 언론인도 다 함께 노력한다는 취지를 담고 있어. 감염병 관련 기사가 우리 사회에 미치는 영향력과 사회적 파장이 크다는 점을 이해하고 관련 원칙을 세워 지켜 나가자는 뜻이지. 그중 대표적인 몇 가지를 소개할게. 이 내용을 살펴보며 친구들과 함께 '감염병 시대 좋은 기사'를 선정하는 활동을 해 보는 것도 좋겠다.

1-가. 감염병 보도는 해당 병에 취약한 집단을 알려 주고, 예방법 및 행동수칙을 우선적, 반복적으로 제공한다.

2-가. 발생 원인이나 감염 경로 등이 불확실한 신종 감염병의 보도는 현재 의학적으로 밝혀진 것과 밝혀지지 않은 것을 명확하게 구분하여 전달한다.

2-나. 현재의 불확실한 상황에 대해 의과학 분야 전문가의 의견을 제시하며, 추측, 과장 보도를 하지 않는다.

2-다. 감염병 발생 최초 보도 시 질병관리본부를 포함한 보건당국에 사실여부를 확인하고 보도하며, 정보원 명기를 원칙으로 한다.

3-가. 감염 가능성은 전문가의 의견이나 연구결과 등 과학적 근거를 바탕으로 보도한다.

3-나. 감염병의 발생률, 증가율, 치명률 등 백분율(%) 보도 시 실제 수치(건, 명)를 함께 전달한다.

다시 보자! 뉴스 속 그 표현 ②

부정·동정의 시선이 담긴 표현은 NO!

뉴스를 읽다 보면 특정 계층이나 인종에 대해 부정적인 이미지를 심어 주거나 이들을 동정 어린 눈으로 바라보는 표현도 발견할 수 있어. 특정 사람들에게 대한 그릇된 인식을 심어 줄 수 있는 차별적 표현이라고 할 수 있지.

"○○역 외국인 노동자 많아 시민들 통행 꺼리는 분위기"

"유학생 경쟁적 유치, 외국인 범죄 늘어날까 우려"

⇨ 각각 이주노동자, 유학생을 '잠재적 범죄자'로 몰아가는 표현이 들어 간 뉴스들이야. 이런 뉴스들은 사람들에게 우리나라에서 생활하는 외국인들을 부정적 대상으로 바라보는, 차별적 시선을 강화할 수 있지.

"다문화가정 따뜻하게 안아 주는 마음 필요"

⇨ 이주민을 동정의 대상으로 바라보는 표현이 들어간 뉴스야. 이는 이주 민은 곧 '불쌍한 사람들'이라는 인식을 심어 줄 수 있지.

웃자고 한 말에 죽자고
달려들었다고요?

뉴스와 미디어 매체를 통해 차별과 혐오의 표현들이 등장하고

확산되는 일이 많아지고 있어. 별다른 의도가 없다고 해서

이를 가볍게 여길 수 있을까? 흥미를 끌어서 일단 클릭을

유도한다는 생산의 목적은 과연 온당할까?

농담과 무례함 사이, 진실의 무게

당신도 확찐자? 집콕 운동으로 탈출하라!

코로나19 바이러스가 확산하면서 우리의 삶은 이전과는 엄청나게 많이 달라졌지. 일상 속에서 마스크 쓰고 더욱 철저히 손을 씻는 건 당연한 일이 됐고, 몸이 조금이라도 안 좋으면 집에서 쉬거나 약속을 미루는 것도 더는 이상하지 않은 일이 됐어. 바이러스 확산세에 따라 재택근무 그리고 온라인 수업을 시행하는 상황도 익숙해졌고.

대면 활동이 줄고, 집에 머무는 일이 많아지면서 코로나19 시대를 뜻하는 다양한 신조어도 많이 나왔어. '집콕족' '온택트' 등이 대표적이지. 잘 알려져 있다시피 집콕족은 '집에서 콕 박혀 나오지 않고 지내는 사람들'을 뜻하는 말이야. 온택트는 비대면을 뜻하는 '언택트'(Untact)와 온라인 '연결'(On)을 합친 말로, '온라인을 통해 대면하는 방식'을 뜻하지. 이렇게 시대 변화에 따라 신조어 등 새로운 표현이 등장하는 건 자연스러운 일이야. 단, 우리도 모르게 유행처럼 쓰게 된 표현들이 누군가에게 상처를 주거나 차별과 혐오의 무기가 된다면 그 표현은 피하는 게 좋겠지.

뉴스 이야기를 하는데 왜 언어에 대해 말하느냐고? 왜냐하면 최근 뉴스 채널을 통해 차별과 혐오의 표현들이 많이 등장하고 확산되기 때문이야. 뉴스에서도 그렇게 다뤘으니 용인할수 있을까?

우리는 뉴스 보도 채널, 즉 '언론'에 대한 신뢰가 있기 때문에 뉴스에서 다룬 내용이나 여러 어휘, 표현 등을 의심 없이받아들이는 경향이 있어. 뉴스를 다루는 사람들에게 다른 직종의 사람들보다 더 무거운 사회적 책임 등이 요구되는 이유가 여기 있겠지. 하지만 인터넷 매체 수가 늘어나고, 경쟁이치열해지면서 뉴스를 생산하는 이들은 더 흥미를 끌 만한 어휘나 표현을 넣어 자극적으로 제목을 붙이곤 해.

만화에 나온 '확찐자'라는 단어도 그런 사례 중 하나야. 이말은 코로나19에 감염된 이들을 뜻하는 '확진자'에 빗대 살찐이들을 희화화하는 의미로 나온 말이라고 할 수 있어. 만화 속대화에서처럼 주로 건강 관련 뉴스 제목으로 많이 등장했지. '확찐자에서 벗어나려면 이런 운동을 하라' 등의 기사는 여러분도 많이 봤을 거야.

그런데 실제 코로나19 확진자나 그의 가족들이 이 말을 듣게 되면 어떤 기분일까. 실제 확진자들 중에는 신체적 고통은물론이고 정신적으로도 '전파자'라는 낙인과 죄책감, 억울함등으로 괴로워한 경우가 많았다고 해. 게다가 코로나19는 사망에까지 이를 수 있는 감염병이잖아. 이미 코로나19로 사망한 이들이 전 세계적으로 (2021년 11월 기준) 500만 명이야. 이런 점을 고려한다면 과연 '확찐자'라는 말을 농담 삼아라도 사용하는 게 맞는지 다시 한번 생각하게 되지.

확찐자와 함께 '작아격리'라는 표현을 붙인 뉴스들도 흔하게 볼 수 있어. '집에만 있으니 살이 확 쪄서 옷이 작아졌다'는 의미의 언어유희야. 혹시나 감염병에 걸렸을까 싶어 자가격리 중인 사람들이 있는 상황에서 이 표현을 군이 유머와 해학, 유희로 포장해 사용해야 하는 것인지 의문이 들기도 해.

무심코 쓰는 언어를 들여다봐야 하는 이유

사실 확찐자, 작아격리 같은 말은 외모 비하, 성희롱적 표현도 될 수 있어. 실제 한 공무원은 다른 직원에게 "확찐자가 여기 있네, 여기 있어"라고 말했다가 법원으로부터 유죄 판결을 받았어. 재판부는 "여러 사람이 있는 가운데 이뤄진 피고인의 언동은 살이 찐 사람을 직·간접적으로 비하하는 것으로 사회적 평가를 동반하는 만큼 모욕죄가 성립된다"고 설명했어.

'주인공 ○○, 발암 캐릭터 등극!' 문화·연예면 속 드라마 관련 뉴스를 보면 이런 제목도 흔히 찾아볼 수 있어. 언젠가부터 뉴스에서는 드라마의 주인공이나 스토리 진행을 방해하며 시청자를 답답하게 만드는 캐릭터나 악역 등을 두고 '발암 캐릭터'라고 표현하는 일이 많아졌지. 그런데 실제 암 환자나 가족들 입장에서는 정말 불편한 표현일 수 있어.

악의는 없지만 우리도 모르게 자주 써서 굳어진 차별적 표현을 언론이나 정부 차원에서 쓴 사례도 있었어.

'깜깜이감염' 늘어나 방역당국 당혹

2020년 8월 15일 이후 코로나19가 재확산하면서 이런 제목의 뉴스가 쏟아져 나왔어. 국립국어원 표준국어대사전에 따르면, '깜깜'은 '아주 까맣게 어두운 모양' 혹은 '어떤 사실을 전혀 모르거나 잊은 모양'이라는 뜻으로 판세를 예측하기 어려운 각종 선거 보도에서 자주 쓰였지. 시각 장애인을 비하하는 차별적 표현이라는 지적도 꾸준히 나왔지만 아직까지 많은 언론들이 이 표현을 문제의식 없이 사용해 오고 있어.

최근 들어 이 표현을 '감염 경로를 알 수 없는 경우' 등으로 고쳐서 쓰자는 이야기가 나오면서 그 사용 횟수가 줄어들고 있지. 중앙방역대책본부도 '감염 경로 불명'이나 '감염 경로를 알 수 없는 확진환자'라는 표현으로 고쳐서 쓰겠다고 발표했어. 중앙방역대책본부는 2020년 8월 31일 정례 브리핑을 통해 "'깜깜이감염'과 관련해서 시각 장애인분들께서 불편한 마음을 표현하시면서 개선을 요청해 오셨다"라며 "국민 의견을 받아서 그 표현을 사용하지 않고자 한다"고 말했지.

'관습적 표현'이라는 말이 있어. 어떤 사회에서 관습적 즉, 습관적으로 쓰게 된 말을 뜻하지. 언론이나 정부 등이 특정 주제나 사안에 대해 설명할 때 관습적으로 많이 써 와서 굳어진 표현을 쓰는 경우가 있지. 하지만 여기에 누군가를 향한 차별적 시선이 담겨 있다면? 그렇다면 이러한 표현을 안 쓰는 게 맞겠지. 조사 등이 붙어 글자 수가 조금 많아질 수 있지만 그게 그렇게 큰 문제겠어?

감염에 대한 공포가 혐오에 가닿지 않도록

때로는 차별을 넘어 혐오 분위기를 조성하는 뉴스도 있어. 2020년 5월초 이태원 클럽에서 코로나19 확진자가 나오자 언론들은 '게이클럽발'이라는 제목으로 관련 뉴스를 내보냈지. 이후 '특정 지역 66번 확진자'의 동선이 공개되자 일부 언론에서는 그에 대해 '동성애 성향'이라고 표현하면서 그의 성 정체성에 대한 불필요한 추측을 하기 시작했어. 사건의 본질 과는 무관한 개인 정보를 과하게 노출한 거야. 이 과정에서 성 소수자를 향한 비난과 혐오가 심해졌지.

코로나19는 누구나 감염될 수 있고, 성적 지향과는 관련이 없는데도 성소수자는 언론의 집중 포화는 물론이고 비난의 도 마에 오르게 됐어. 실제 이태원 클럽 확진자 첫 보도 이후, 민 주언론시민연합이 5월 7일부터 11일 오후 5시까지 한 포털 사이트 검색으로 확인한 결과 '동성애' '게이클럽' '게이' 등의 키워드가 포함된 기사는 무려 1174건에 달했어. 전문가들은 코로나19 사태가 터진 이후 감염에 대한 공포가 소수자를 향 한 혐오로 발산한 측면도 있다고 분석했지.

물론 코로나19로 전 국민이 힘들어하는 상황임에도 방역 수칙을 어기고 클럽을 운영했거나 클럽에 간 사람들은 비판에 서 자유로울 수 없겠지. 하지만 이 문제를 두고 '성소수자' 등 누군가의 정체성에 주목해 마녀사냥식으로 뉴스를 보도하는 게 과연 우리 사회에 어떤 도움이 될지는 모르겠어.

'우한 폐렴' '대구 폐렴' 등의 표현도 마찬가지야. 이미 세계 보건기구에서 코로나19라는 공식 명칭을 발표했지만, 특정 국가나 민족, 종교 등 불필요한 오해와 선입견이 더해질 수 있는 명칭을 사용하는 사람들도 많아. 우리나라 일부 언론은 '우한 폐렴'이라는 단어를 여전히 쓰고 있어. 이런 표현을 쓰다 보면 사람들 머릿속엔 '바이러스는 중국에서 온 것이기 때문에 중국인은 모두 몰아내야 한다' '이게 다 중국 때문이다'라는 등의 선입견이 커질 수 있겠지. '대구 폐렴'의 경우도 특정 지역에 대한 편견을 만들어 내고 차별하는 지역주의를 심화시킬 수 있어. 감염병 앞에서 연대와 우애의 손을 건네야 할 때 오히려 사회 분열을 조장하는 분위기만 형성한다는 거지.

이는 우리나라만의 이야기가 아냐. 프랑스 한 지역 신문에서는 마스크를 쓴 중국 여성의 사진과 함께 '누런둥이 주의'라는 문구를 1면 헤드라인으로 실어 공분을 사기도 했어. 누런둥이는 동아시아 국가 사람들을 모욕적으로 가리킬 때 쓰는 표현이야. 비난이 일자 이 신문은 바로 사과하고 '아시아인에 대한 고정관념을 심어 줄 의도는 없었다'고 해명했지.

어때? 뉴스에 쓰인 단어 하나도 다시 천천히 살펴봐야겠다는 생각이 들지 않아? 무심코 썼든, 일부러 썼든 그로 인해 고통을 겪는 이가 있다면 고쳐 써야 할 뉴스일 테니까.

피해자는 울어도
울지 못한다

디지털 성범죄 사건의 공범...
걸그룹의 개인정보를 조회했다고...

관계자에 따르면 차트 상위권
K모 걸그룹도 피해를 입었다고...

대박.
성범죄 피해자 중에
걸그룹도 있대.

어느 걸그룹이래?
확실한 거야?

나도 몰라.
유튜브 뉴스에서 본 거라.

디지털 성범죄 수사 시작, 연예인 피해자도 있는 것으로 알려져

갖가지 세상 소식을 전해 주는 뉴스들 중에는 우리를 웃게 하는 뉴스도 있지만 우리에게 고통을 주는 뉴스도 참 많지. 성폭력 사건을 다룬 뉴스가 대표적일 거야.

'성폭력'은 피해자가 원치 않은 상황에서 가해자에 의해 성적 접촉이 강제로 행해진 것을 뜻해. 상대방이 원치 않았는데 신체를 만지거나, 강제로 성행위를 하거나, 음란한 말 또는 행동으로 성적 수치심을 주는 것 등이 모두 성폭력에 해당하지.

요즘 신문이나 뉴스를 보면 성폭력 관련 기사를 많이 볼 수 있어. 지하철, 버스, 엘리베이터 등 일상 공간에서 일어나는 공공장소에서의 성추행, 직장 내 성추행, 지위를 이용해 행해지는 권력형 성폭력, 연인 사이에서 행해지는 데이트 성폭력, 사이버 공간 속 디지털 성폭력 등 정말 다양한 유형의 성폭력 사건이 신문이나 뉴스를 통해 세상에 알려졌어.

최근에는 사이버 공간에서 일어난 디지털 성폭력 관련 기사가 많이 나왔지. 사회적 공분을 샀던 'n번방 성착취물 제작 및 유포 사건'(이후 n번방). 여러분도 기억하고 있지? 이 사건을 계기로 우리 사회는 익명성이 보장되는 사이버 공간에서의 디지털 성폭력 문제가 얼마나 심각했는지를 깨달았어. 가해자 처벌 및 재발을 막기 위해 사회적으로 어떤 대책이 마련되어야 하는지를 고민하기 시작했지.

'추적단 불꽃'이라는 취재단이 없었다면 이 사건은 지금도 세상에 알려지지 못했을 거야. 이들은 한 메신저 채널에서 성폭력 영상물을 공유하는 단체 채팅방이 열린다는 소식을 듣고, 잠입 취재를 통해 n번방 실체를 확인했다고 해. 그리고 이 내용을 주요 언론사에 제보 및 수사 기관에 신고하면서부터 언론이 이 사건을 기사화했지. 추적단 불꽃의 취재가 없었다면 아직도 가해자들은 사이버 공간에 숨어 같은 범죄를 계속 저질렀을 거야.

피해자를 보호하지 않는 언론

이렇게 언론이 각종 성폭력 사건을 보도해 이 문제를 세상에 알리고, 범죄자의 처벌을 끌어내기까지 역할을 하기도 하지만, 그렇지 않은 경우도 있어. 또 다른 가해나 다름없는 보도 방식으로 피해자에게 큰 상처를 입힌다거나 사회 구성원들에게 잘못된 성 가치관을 심어 주는 등 악영향을 끼치는 기사들도 있거든.

만화 속에 나온 뉴스 그리고 두 친구의 태도에서도 이런 문제가 잘 드러나고 있어. 이 뉴스의 관심은 온통 피해자에게 향해 있는 것 같아. 뉴스를 소비하는 이들로 하여금 자꾸 피해자가 누구인지 추측해 보고 싶게 유도하지. 우리 사회 디지털 성폭력이 얼마나 심각하게 일어나는지, 가해자에 대한 처벌은 어떻게 이루어질 것인지 등에 대해선 관심이 없는 것 같기도 해.

사실 이 뉴스에서 언급하는 '피해자가 연예인'이라는 내용은 명백하게 밝혀진 게 아니야. 브리핑 내용을 보면 이 사실이 누구를 통해 알려진 것인지를 명확히 말해 주고 있진 않아. "(정보 출처는 없는데) 공범이 걸그룹 멤버들의 개인 정보를 조회 및 유출한 것으로 알려졌고, (역시 정보 출처가 명확하지 않은 관계자에 따르면) K모 걸그룹도 피해를 입었다고 한다"며 논리를 전개하고 있지. 이 뉴스는 애초부터 '이번 사건 피해자 중 사람들에게 잘 알려진 연예인이 있다'는 데만 초점을 맞추고 있어. 피해자 입장에서 이런 기사를 보면 자신이 노출될까 봐 두려운 마음이 커질 수밖에 없겠지.

이번에는 '관계자에 따르면'이라는 표현을 볼까? 참 두루뭉술한 표현이지. 언론에서 취재원을 보호하기 위해 사람 이름

대신 이런 식으로 표현하는 경우도 있지만, 이 뉴스에서는 여기저기서 '그렇다더라' 하고 떠도는, 사실상 출처가 불분명한 이야기를 듣고 이렇게 표현한 것처럼 보여. 왜일까? 앞서 말한 것처럼 '피해자 중에 연예인이 있다는데 그게 과연 누굴까?'라는 호기심을 끌어내기 위해서야.

이 뉴스의 문제는 사실 관계가 분명하지 않다는 점에만 있는 게 아냐. 뉴스는 사실만을 다뤄야 하지만, 그것 못지않게 중요한 것이 바로 뉴스가 다루는 사건 속 피해자를 보호해야 한다는 점이야. 하지만 이 뉴스는 그것과는 거리가 전혀 먼 쪽으로 내용을 서술하고 있지. 피해자를 유추하도록 유도하면서 피해자에게 이른바 '2차 가해'를 하고 있어. 실제 n번방 사건을 보도할 때 다수 언론들이 이와 비슷한 맥락에서 기사를 썼다는 점에 주목해야 해. '피해자 중 여자 연예인이?' '여 아이돌도 희생양?' 여러분도 아마 이런 제목의 기사를 본 적이 있을 거야.

이런 방식의 기사가 나온 건 어제오늘 일만은 아냐. 2016년 한 지역에서 성범죄 사건이 일어났을 때 이를 '○마을 ○○대 ○○학교 여교사 성폭행 사건'이라는 제목으로 보도한 언론들이 있었어. 사건이 일어났던 특정 지역, 피해자의 나이와 구체적인 직업 등을 추측하게 하는 제목이었지.

이런 식의 제목을 붙인 뉴스를 접할 때 사람들은 어떤 생각을 하게 될까? 대화 속 두 친구처럼 상상의 나래를 펼치며 누구인지 궁금증을 키워 가는 사람들도 분명히 있지 않을까. 이들이 "뉴스가 그렇게 유도하는 걸 나더러 어쩌라고요?"라고 말한다면? 사람들 상상력에 불을 지피는 보도 방식에 일차적인 문제가 있는 게 맞지만, 이 기사의 관점을 무비판적으로 수용하는 태도를 옳다고 말할 수도 없겠지. 이 문제를 놓고, "뉴스 소비자인 우리는 잘못이 없다"고 말하는 이들을 뜨끔하게 할 만한 운동도 일어났어. 피해자가 누구인지 유추하게 하는 뉴스가 나오는 걸 보면서 "나는 피해자가 누구인지 궁금하지 않습니다" 등 '2차 가해 멈추기 운동'을 펼친 시민들이 있었거든.

그런데 성범죄 관련 보도에서 피해자의 신상을 유추하게 하는 것만 문제가 될까? 성범죄 사건의 가해 방법을 지나치게 상세하게 기록하는 식의 보도 방식도 지적받을 만해. 영상 자료가 들어가는 텔레비전 뉴스의 경우, 실제 범죄가 어떻게 이루어졌는지 자극적인 이미지나 재연 영상을 넣는 경우도 참 많지. 비단 이뿐일까. '짧은 치마는 왜 입은 걸까?' '그 새벽, 그 장소엔 왜?' 등 마치 피해자의 행동에도 문제가 있다는 뉘앙스를 담은 기사는 또 어떻고. 이 역시 피해자에게 엄청난 상처가 되겠지.

때로는 알 권리보다 더욱 중요한 것이 있다

어떤 기사는 성폭력 가해자, 즉 범죄자를 마치 '정신이 이상한 특수한 사람'처럼 그리기도 해. 여러분도 가해자를 두고 '악마' '짐승' '늑대' 등의 어휘로 표현한 기사들을 종종 봐 왔을 거야. 가해자를 이런 식으로 표현하는 것에 대해서도 생각해 볼 필요가 있어. 이는 성폭력 사건이 마치 비정상적인 특정인에 의해, 매우 예외적이고 특수하게 일어나는 일처럼 비춰지지.

하지만 성폭력 가해자 중엔 겉으로 보기에 정신적으로 문제가 있는 사람들만 있는 건 아니야. 특히 최근 터지는 사건들을 보면 직장 상사, 가족, 이웃, 친구, 연인 등 일상 속 아주 익숙한 공간에서 만나는 사람들이 가해자인 경우가 많아. 즉 낯선 사람에 의해 우발적으로 발생하는 것보다 서로 아는 사이에서 일어나는 경우가 더 많다는 의미야. 이렇게 언론이 가해자와 그의 상황을 특수한 개인의 것으로 만들어 버리면 잘못된 성 인식과 성차별적 문화 등 구조적인 문제는 가려질 수밖에 없어.

'나쁜 손' '몹쓸 짓' 등 가해 행위를 별거아닌 것처럼 축소하거나 심지어 미화하는 듯한 표현을 쓴 기사들도 비판적으로 바라볼 필요가 있어. 한국기자협회가 발표한 '성폭력 · 성희롱 사건보도 공감기준 및 실천 요강'을 보면 이런 표현을 예로 들면서 "가해자의 책임이 가볍게 인식되게 하거나 가해 행위의 심각성을 희석하는 부적절한 용어를 사용하지 않아야 한다"는 내용이 담겨 있어. 어때? 사건의 심각성을 너무 가볍게 여겨 "별일 아니었나 보네" 하고 넘겼던 기사들도 있었던 것 같지?

세상을 떠들썩하게 만든 성폭력 사건이 터진 날, 온라인은 온통 관련 뉴스들로 도배가 되지. 선정적이고 자극적인 제목을 단 기사들도 너무나 쉽게 찾아볼 수 있어. 같은 내용의 기사를 선정적인 제목으로 조금씩 바꿔 여러 건 노출하는 언론사들도 있고. 독자의 클릭을 유도하려는 속셈이겠지. 그 속셈에 말려들지 않기 위한 노력도 필요할 거야. '2차 가해 멈추기 운동'처럼 말이야. 무엇보다 우리 모두 '알 권리'보다 소중한 게 '피해자 보호'라는 사실을 절대 잊지 말자.

고정관념,
네가 왜 거기서 나와?

최우수상 '오진짜뉴스', 여성 PD만의 섬세한 연출력 빛나

전날 열린 연예대상 시상식 이야기로 두 친구가 한참 이야기꽃을 피우고 있어. 특히, 한 친구는 자신이 좋아하는 드라마의 PD가 큰 상을 수상한 것에 기뻐하고 있지. 이렇게 영화나 드라마, 음악 등 대중문화예술 관련 시상식이 열릴 때면 인터넷 포털의 문화, 연예 뉴스 코너는 관련한 소식으로 넘쳐 나. 두 친구 역시 시상식 관련 뉴스 중 하나를 읽은 것 같아.

그런데 한 친구가 "역시!"라고 표현했던 기사의 제목을 살펴볼까? 고개가 갸우뚱해지는 대목이 보이지 않아? 이 질문에 "보여요!"라는 사람도 있겠지만, "전혀 없는데요!"라고 말하는 이도 있을 거야. 자, 이번에는 이 뉴스를 둘러싼 이야기들을 함께 나누자.

우선 대화 속 정보들을 차근차근 정리해 보자. 두 친구는 지난밤 연예대상에서 '오진짜뉴스'를 만든 PD가 최우수상을 수상했다는 소식을 주고받고 있어. 그러면서 이 드라마에 대한 기사 이야기를 해. 기사는 이 연출가가 이번 드라마를 통해 섬세한 연출력을 발휘했다고 평가하고 있지.

그런데 기사 제목에서는 '섬세한 연출력'이 아닌 '여성 PD

만의 섬세한 연출력'이라고 표현했어. 즉, '여성 PD=섬세하다'라는 논리인 것이지. 게다가 '여성 PD' 뒤에는 한정의 보조사 '~만'을 붙여 섬세함이 마치 여성의 독점적 특성인 것처럼 규정했어. 만약 이 드라마를 연출한 PD가 남성이었다면, 기사 제목에 '남성 PD만의 섬세한 연출력'이라고 썼을까? 아마도 '남성 PD만의'라는 표현은 빼고 '섬세한 연출력'정도로만 표현했을 가능성이 크겠지.

여러분은 '성별 고정관념' 또는 '성 역할 고정관념'이라는 말, 들어 본 적 있어? 고정관념이란, 사람들의 행동을 결정하는, 잘 변하지 않는 굳은 생각이나 지나치게 당연한 것처럼 알려진 생각을 뜻해. 그런데 남성 또는 여성 등 성별에 따라 특정한 사고나 정서, 행동 등을 할 거라고 생각하는 고정관념도 있어. 이를 두고 '성별 고정관념'이라고 해. 여기서 더 나아가 한 사회가 특정 성별에 따라 각기 다른 사회적 역할을 기대하는 사고방식을 두고 '성 역할 고정관념'이라고 해. "여성이니까 섬세할 거야" "여성들이 있는 공간이라 아기자기하네" "남자니까 힘이 세야지" "아들이라 그런지 듬직하군" "남자라면 큰일을 해야지" 등이 바로 성별 고정관념, 성 역할 고정관념이 담긴 대표적인 표현들이라고 할 수 있어.

고정관념과 언론의 거리는 멀수록 좋다

'섬세하다' '꼼꼼하다' '아기자기하다' '힘이 세다' '듬직하다' 등은 특정한 개인이 가진 특성일 뿐이야. 남성들 중에도 어떤 문제 상황이나 다른 사람의 마음 등을 날카롭게 잘 포착하는 사람이 있고, 여성들 중에도 힘이 세서 몸 쓰는 일을 잘하거나 또는 성격이 시원시원해서 "활발하시네요" "뒤끝이 없어 좋아요" 등의 이야기를 듣는 이들도 있어.

남성들 중에 고도의 섬세함이 발휘되어야 하는 디자인 혹은 요리 등의 분야에 종사하는 사람이 있는가 하면, 여성들 중에도 체력과 정신력 등이 요구되는 군인 등의 직업에 진출한 이들이 있는 것처럼 말이야. 이를 두고 "남자가 왜 요리사를 해요?" 혹은 "여자가 어떻게 군인을 하죠?"라고 말하지 않잖아. 특정 성별이어서가 아니라 자신이 일하는 분야에서 필요한 적성과 흥미를 갖고 있기에 그가 그 일을 선택했다고 보기 때문일 거야.

그런데 의외로 우리가 접하는 뉴스에서는 성별 고정관념이나 성 역할 고정관념이 들어간 표현을 쓰는 일이 아직도 적지 않아. '섬세한 감성의 여성 재즈 프로듀서' '여배우 섬세한 명연기' '여성의 섬세한 리더십' 등 '섬세하다'는 표현만 해도 이

107

렇게 '여성'을 가리킬 때 쓰는 경우가 참 많지.

겨우 단어 하나 들어간 걸 갖고 뭐 그리 호들갑이냐고 하는 이도 있을지 모르겠어. 그런데 뉴스 속에 등장하는 이런 표현을 그냥 대수롭지 않게 넘겨서는 안 된다고 생각해. "여자는 이렇다" 또는 "남자는 이렇다" 등의 말들이 고정관념으로 머릿속에 자리를 잡고, 그렇게 생긴 고정관념은 우리도 모르는 새 성 역할에 대한 고정관념으로 고착화될 수 있거든.

더 나아가 어떤 일이 발생했을 때 특정 개인에게 '성별에 맞는 행동을 하지 않았기 때문에' 문제가 발생했다고 비난하기도 쉬워. 예를 들어, "여자니까 더 차분하게 잘 대처했어야지" "남자가 그 상황에서 징징 짜면 어떡해?" 등 마치 누군가 성별에 따른 특성(성별에 따른 것이 아님에도)을 잘 발휘하지 않아서 그렇다며 개인을 탓할 수도 있다는 얘기야. 이런 성별 또는 성 역할 고정관념은 여성을 향해 있는 경우가 더 많은 편이야.

'여검사' '여변호사' '여경' '여기자' '여의사' '여류 작가' '남자 간호사' '남자 교사' 등 아마 여러분도 각종 뉴스를 통해 이런 표현을 많이 접해 봤을 거야. 이렇게 성별+직업 등이 들어간 표현 중엔 '남'(男) 보다 '여'(女)라는 접두어를 붙인 경우가 상대적으로 더 많아 보여. 왜 그럴까?

역사 속 가부장제 문화가 우리도 모르게 지금까지 영향을 끼치는 게 아닌가 싶어. '가부장제'(家父長制)는 집(家)에서는 아버지(父)가 제일 높은 사람(長)인 제도(制)라는 뜻이야. 가부장제 문화가 공고했던 과거에는 남성은 사회 진출을, 여성은 집안일을 도맡았어. 여성은 남성에게 종속되어 있는 존재라고 여기는 게 일반적이었지.

이런 가부장제 문화가 담긴 말들 가운데 '미망인'(未亡人)이라는 단어가 있어. 사회적으로 잘 알려진 이가 사망했을 때 신문에는 그의 죽음을 알리는 '부고(訃告) 기사'가 실리잖아. 얼마 전까지만 해도 남성 유명인이 사망했을 때 그의 부인에 대해 언급할 때는 "미망인 ○○ 씨는" 등의 표현을 많이 써 왔어.

그런데 미망인의 뜻을 한자 그대로 풀어 보면 참 끔찍한 표현임을 알 수 있어. '따라 죽지 못한 사람'이라는 뜻이거든. 남편이 죽으면 아내도 따라 목숨을 끊어 곧은 절개를 보여야 한다는 중국 사상에서 유래했다고 해. 지난 2017년 국립국어원 표준국어대사전은 이 단어의 뜻을 '남편을 여읜 여자'로 수정하면서 "아직 따라 죽지 못한 사람이라는 뜻으로, 다른 사람이 당사자를 미망인이라고 부르는 것은 실례가 된다"는 각주도 달았어. 이후 여러 언론에서 남편과 사별한 여성에 대한 기사를 쓸 때 "유족 ○○ 씨" "고(故) ○○○ 씨의 부인" 등 표현을 바꾸기 시작했지.

뉴스에서 쓰는 말은 모두 다 상식적일까?

요즘 뉴스 등 미디어에서는 성별 또는 성 역할 고정관념을 넘어 누군가를 성적으로 대상화하는 기사 제목들도 많이 볼 수 있어. 성적 대상화란, 한 사람을 성적 쾌락의 도구처럼 여기는 행위를 뜻해. '여배우 ○○, 빛나는 각선미' '23인치 개미 허리 뽐내는 여성 랩퍼' '남주로 발탁된 ○○, 초콜렛 복근으로 여심 자극' 등 누군가를 볼 때 성적인 의미를 담은 뉴스 제목들이 그런 경우라 할 수 있지.

이렇게 미디어가 성별 고정관념, 성 역할 고정관념 그리고 성적 대상화 등의 현상을 조장하는 상황에서 2021년 전국언론노동조합(이하 언론노조)은 〈미디어를 위한 젠더 균형 가이드〉라는 보고서를 발표했어. 이 보고서는 '세계 여성의 날' 113주년을 맞아 발간한 것인데 미디어가 여성을 묘사할 때 쓰는 여러 가지 이미지와 표현 등에 성별 고정관념은 없는지 등을 살펴볼 것을 제안하고 있어. 대표적으로 지적하고 있는 게 '워킹맘'이라는 표현이야. 여러분도 각종 미디어를 '일과 육아를 병행하는 여성'을 뜻하는 '워킹맘'이란 단어를 많이 접해 봤지? 반면 '워킹대디'라는 표현을 쓰는 경우는 많지 않아.

사실 성별 고정관념과 성 역할 고정관념에 따른 표현들, 각종 성차별적 의미가 담긴 말들이 사람들 사이에서 많이 쓰이게 된 건 미디어 영향이 매우 크다고 할 수 있어. 뉴스는 우리가 생각하는 것보다 그 힘이 세고, 전파력도 강해. 그런 이유로 뉴스의 무게를 아는 이들은 뉴스 속에 나오는 각종 단어, 표현에 대해 꼼꼼히 살펴보고, 고쳐야 할 것은 함께 고쳐 나가야 한다고 강조하지. 이는 단순한 표현의 수정을 넘어 우리도 모르게 사회 전반에 뿌리박힌 고정관념을 바로잡는 의미 있는 시도일 거야.

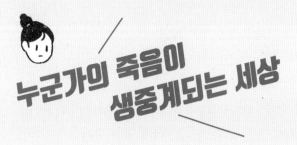

누군가의 죽음이 생중계되는 세상

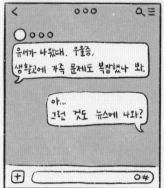

[단독] 누가 그를 극단으로 몰았나, '유서' 최초 공개

유명인의 사망 소식을 접한 두 친구의 대화야. 한 친구는 뉴스를 통해 이 유명인이 어떤 이유로, 어떻게 사망했는지 정보를 다 알고 있지. 이 내용을 친구에게 공유하려고까지 해. 또한 친구는 관련 소식이 기사로 상세히 보도됐다는 데 대해 의문을 가지면서 이 내용을 공유하겠다는 친구 말에 "공유해도 괜찮은 걸까?" 살짝 걱정스러운 반응을 보이지. 이 뉴스가 왜 문제가 되고, 이 뉴스를 공유하는 게 어떤 점에서 조심스럽기에 이런 반응이 나온 걸까?

최근 들어 유명인들의 사망 관련 뉴스가 자주 나오고 있어. 비단 유명인뿐일까, 여러 이유로 안타깝게 세상을 떠난 사람들이 많아지는 요즘이야. 우리나라 자살률은 경제개발협력기구(OECD) 회원국 중 1위라고 해. 보건복지부와 중앙자살예방센터가 내놓은 〈2020 자살예방백서〉에 따르면, 2018년 우리나라 자살자 수는 1만 3670명으로 2017년보다 1207명 (9.7%) 증가했어.

언론은 유명인의 사망 소식을 전하며 종종 '극단적 선택'이라는 표현을 쓰지. '선택'은 누군가가 어떤 문제를 해결하기 위해 어떤 상황이나 물건 등을 고르는 것을 뜻하는 말이야. 그런데 스스로 생을 마감한 이들 중에는 그럴 수밖에 없는 상황에 내몰린 경우가 많아. 누군가가 우울증, 극심한 생활고 등으로 세상을 떠났다는 소식을 접한 사람들은 이렇게 말하곤 하지. "주변에 누군가 있어 주었더라면……" "이들에게 도움을 줄 만한 제도나 창구가 분명 있었을 텐데……" 이는 극단적 상황을 사전에 막을 수 있었다는 의미이기도 할 거야. 그런데 뉴스가 이런 상황을 오히려 부추기는 경향도 있어 보여. 위 대화 속에 나온 뉴스가 바로 그런 경우라고 할 수 있지.

언론은 종종 누군가의 죽음을 흥밋거리 삼아 보도해 왔어. 유명인이 세상을 떠났을 경우에 특히 더 그랬지. 그가 언제, 왜, 어떻게 세상을 떠나게 됐는지는 물론이고, 유족은 누구인지, 장례식장에서는 상주가 어떤 표정으로 문상객들을 맞았는지까지 일일이 보도하는 경우가 많았지. 연예인의 죽음과 관련해 장례식장에 누가, 언제, 어떤 복장으로 문상을 왔는지를 사진 및 영상 뉴스로까지 다루는 언론들도 있었어. 심지어 이 또한 '알 권리'라는 명분으로 포장되었지. 개인에 대한 사생활 침해가 아무렇지 않게 범해졌다는 얘기야. 언론의 사회적 역할이 강조되고, 죽음 관련 보도에 대한 언론인들의 자정 노력 등이 더해지면서 이런 현상은 조금씩 바뀌고 있어.

슬픔을 모방하는 사회에서
언론이 해야 할 일

어떤 뉴스들은 여전히 누군가의 죽음을 흥밋거리, 클릭을 유도하는 소재로 활용하곤 해. 중요한 건 자살 보도가 과도할 경우, 또 다른 누군가를 죽음으로 몰아갈 수 있다는 점이야.

혹시 '베르테르 효과'라는 말, 들어 본 적 있어? 유명인 또는 평소 존경하거나 선망하던 인물이 자살할 경우, 그 인물과 자신을 동일시해서 비슷한 결정을 하는 현상을 뜻해. 미국 사회학자 데이비드 필립스는 1947년부터 1968년까지 미국 내자살 통계를 면밀히 분석하면서 누군가의 자살에 대한 기사가 신문 전면에 실린 후 2개월 이내에 자살 사건이 증가했다는 사실을 발견하게 돼. 이후 그는 독일 문호 괴테가 쓴 《젊은 베르테르의 슬픔》 속 주인공 이름을 빌려와 '베르테르 효과'라는 말을 만들어 내지. 실제로 유럽에서는 실연을 겪은 후 자살한 베르테르의 이야기를 접하고 비슷한 방식으로 세상을 떠난 이들이 많았어. 이른바 '모방 자살'이었어.

유명인의 사망이 극한의 상황에 처한 사람들에게 부정적인 영향을 끼칠 수 있다는 것은 우리나라 연구 자료에도 나와 있어. 2013년 중앙자살예방센터에 따르면, 유명인 자살 이후

2개월간 국내 자살자는 평균 606명 증가한 것으로 나타났지. 실제로 2008년 한 유명인이 사망한 후 2개월간 자살 사망자는 2406명으로 전년 동기(1616명) 대비 무려 48.9% 급증하기도 했어. 이쯤 되면 유명인 사망 뉴스에 대해 사회가 진지하게 고민할 필요가 있어 보이지? 실제 국제자살예방협회(IASP)는 자살 사건에 대한 언론 보도로 모방 자살 심리가 커질 수 있다고 경고하고 있어.

베르테르 효과와 상반된 이론도 있어. 바로 '파파게노 효과'지. 파파게노는 모차르트의 오페라 〈마술피리〉에 등장하는 인물이야. 어느 날, 파파게노는 연인과의 이루지 못한 사랑을 비관해 자살을 시도해. 그런데 그때 나타난 요정의 도움으로 죽음의 유혹을 극복하고 연인과 재회하게 되지. 최근 우리나라 뉴스를 보면, 마치 〈마술피리〉에 나오는 요정과 같은 역할을 하는 이들이 많이 필요하다는 생각을 하게 돼. 요정 역할은 차치하고라도 언론이 누군가의 죽음을 진심으로 애도하며 관련 뉴스의 파급력을 인식해 보도에 신중을 기해 주었으면 하는 바람도 갖게 되고.

자살 예방에 언론의 역할이 매우 중요하다는 걸 알려 주는 사례도 있어. 핀란드는 1965년부터 1990년까지 자살률이 3배나 늘었어. 심각성을 깨달은 정부는 국가 주도로 자살 예방 프로젝트를 추진했지. '자살'을 금기어로 만든 게 대표적인 사례였어. 이에 따라 핀란드 언론은 자살 관련 기사는 되도록 쓰지 않고 있다고 해. 불가피할 경우, 사망 원인에 대해 언급하지 않는 게 불문율이 됐어. 그 결과, 한때 세계 2위까지 치솟았던 자살률은 절반 수준까지 떨어졌어.

우리나라에서도 죽음 관련 보도를 할 때 주의를 기울이려는 노력들이 이루어지고 있어. 보건복지부와 중앙자살예방센터, 한국기자협회는 '자살보도권고기준 2.0', '자살보도권고기준 3.0' 등을 발표하면서 자살보도 문제의 심각성을 알리고 구체적인 원칙을 마련했어. 비교적 최근에 나온 '자살보도권고기준 3.0' 속 기준을 보면, "기사 제목에 '자살'이나 자살을 의미하는 표현 대신 '사망' '숨지다' 등의 표현을 사용한다"거나 "구체적인 자살 방법, 도구, 장소, 동기 등을 보도하지 않는다"는 등의 내용으로 이루어져 있지. 그에 관해서는 이 꼭지를 마치며 좀 더 자세히 소개하도록 할게.

삶보다 중요한 뉴스는 없다

어떤 이들은 자살 관련 보도 자체를 아예 금지시키자고 말하기도 해. 반면, 그게 근본적인 해결책은 아니라고 보는 시각도 있어. 누군가의 사망 사건 보도를 계기로 사회 곳곳의 문제점을 살피는 계기가 마련될 수도 있기 때문이지. 실제로 생활고로 인한 사망 사고 보도 등은 사회 시스템 개선 및 정책 보완 등을 추진하게 하는 계기가 되었어.

보도 자체를 안 하거나, 기사 노출 횟수를 크게 줄이는 건 현실적으로 힘들겠지만 언론이 죽음을 다루는 방식에 있어 내용상 합의된 기준을 마련할 순 있지 않겠느냐는 의견도 있어. 일반적으로 사건사고 기사는 언제, 어디서, 누가, 무엇을, 어떻게, 왜 등 육하원칙으로 정리하지만, 죽음과 관련한 기사의 경우 이 방식을 무조건 따를 필요가 있겠냐는 시각이지.

하지만 여전히 뉴스 소비자의 '클릭'을 유도하기 위해 권고 기준을 어기는 사례가 나오곤 해. 최근에도 유명인의 자살 보도를 하면서 유서와 구체적인 사연을 공개한 언론사가 한국신문윤리위원회의 제재를 받았어. 이 보도와 관련해 한국신문윤리위원회는 "유서에는 고인의 사생활이 드러날 수 있고, 극단선택 당시의 절박한 심정이 담겼을 가능성이 커 자살의 불가

피성이 강조될 수 있다"며 "자살보도 원칙을 무시하고, 독자의 호기심을 겨냥해 자극적으로 이 사건을 다뤘다"고 지적했지.

유명인이 사망하면 사람들은 그 이유를 궁금해하지. 하지만 그 심리를 이용해 유명인의 안타까운 죽음을 돈벌이로 삼는 뉴스 때문에 또 다른 누군가가 생명을 잃을 수도 있어. 또한 '이것 역시 정보'라며 여기저기 관련 뉴스를 공유하는 뉴스 소비자 역시 제2의 가해자일 수 있어. 그 유명인이 어떤 삶을 살아왔고, 사회적으로 어떤 영향력을 끼쳤는지 함께 돌아보며 그를 기억하고 추모하는 편이 좋지 않을까? 누군가의 삶보다 더 중요한 뉴스는 없으니까.

〚 생명을 구하는 다섯 가지 보도 원칙 〛

자살보도 권고기준 3.0은 자살보도의 사회적 책임을 인식하고, 언론과 개인이 자살예방에 동참할 것을 권유하고자 마련한 기준이야. 잘못된 자살보도가 사람을 죽게 할 수도 있고, 자살보도 방식을 바꾸면 소중한 생명을 구할 수 있기 때문이지. 다섯 가지 원칙은 다음과 같아.

\<자살보도 권고기준 3.0\> 다섯 가지 원칙

보건복지부, 중앙자살예방센터, 한국기자협회

- 기사 제목에 '자살'이나 자살을 의미하는 표현 대신 '사망' '숨지다' 등의 표현을 사용합니다.

- 구체적인 자살 방법, 도구, 장소, 동기 등을 보도하지 않습니다.

- 자살과 관련된 사진이나 동영상은 모방자살을 부추길 수 있으므로 유의해서 사용합니다.

- 자살을 미화하거나 합리화하지 말고, 자살로 발생하는 부정적인 결과와 자살예방 정보를 제공합니다.

- 자살 사건을 보도할 때에는 고인의 인격과 유가족의 사생활을 존중합니다.

다시 보자! 뉴스 속 그 표현 ③

고정관념 강화하는 표현은 NO!

뉴스 속 성별과 장애 관련한 표현을 살펴보면 고정관념을 재생산하는 것들도 많아. "여자 또는 남자는 '이래야 한다'"거나 '장애'를 부정적으로 바라보게 하는 표현들은 우리 사회 고정관념을 더욱 강화시키지.

"수컷의 질주 본능"

⇨ 사람에 따라 '질주 본능'이 있는 이도 있을텐데 이 본능이 마치 남성만의 것인냥 표현했어.

"여류 작가 K 씨 처녀작이 수상"

⇨ 그냥 '작가'라고 하면 될 것을 굳이 여성이라는 성별을 강조하는 이유는 뭘까? 또한 작품 앞에 '어떤 일이나 행동을 처음한다'는 의미로 굳이 '처녀'라는 표현을 붙이는 이유는 뭘까? 특정 성별에만 주목한 이런 표현 역시 성별 고정관념을 강화하고, 성차별을 유도할 수 있어.

"팔 다리 없이 태어났지만"

"장애에도 불구하고 우승한 우리 선수들"

⇨ 패럴림픽 뉴스에서 자주 접할 수 있는 표현들이야. 이렇게 장애를 극복해야 할 것으로 보는 뉴스들은 장애에 대한 그릇된 인식을 심어 줄 수 있지.

낚지 마세요, 이제 그물은 사양합니다

건강하게 성장하려면 상대적으로 내가 좋아하지 않는,
낯선 음식도 골고루 먹어야 하는 것처럼 뉴스 역시 균형감 있게 봐야 해.
나쁜 뉴스를 소비하지 않고 한쪽으로 치우친 의견에 휩쓸리지 않으려면
어떠한 노력이 필요할지 같이 알아보자.

이것은 기사인가, 광고인가

암기 능력 깨우는 상위 1%만의 특별한 기술

암기 과목 성적이 오르지 않아 고민하던 아빠와 자녀가 '전문가가 추천하는 암기력 향상법' 기사를 흥미롭게 읽다가 광고임을 알고 실망했다는 이야기야. 여러분도 아마 고개를 끄덕이며 공감하는 부분이 있었을 거야. 기사인 줄 알고 읽었는데 알고 보니 광고인 걸 알았을 때의 허탈감! 다들 느낀 적 있지?

이렇게 기사의 형식을 빌렸지만 결국은 특정 제품이나 기업 등을 광고하는, '기사 형식을 띤 광고'를 두고 '기사형 광고'라고 해. 사람들은 광고를 볼 때 '상업적인 목적으로 만든 것'이라고 생각하지만 뉴스를 볼 때는 달라. 그 뉴스가 무엇을 홍보하려는 뚜렷한 목적이 있음을 잘 인식하지 않지. 기본적으로 언론사에서 생산하는 뉴스는 홍보가 아닌 정보이며, 객관적이고 신뢰할 만하다는 믿음이 깔려 있어서일 거야. 기사형 광고는 이렇게 언론사가 생산하는 기사의 객관성, 명성 등에 기대 광고의 신뢰성을 높이려는 목적으로 등장했어.

"그럼 기사형 광고를 실었을 때 언론사에는 어떤 이득이 있나요?" 궁금해하는 사람들도 있을 거야. 언론사 입장에서는 기사형 광고를 게재하면 광고주로부터 광고 비용을 받아. 쉽게 말해 기사형 광고를 실으면서 광고주는 자사 상품이나 기업 등을 좀 더 신뢰도 있게 알릴 수 있고, 언론사는 그만큼의 광고 수익을 올리게 되는 것이지.

이와 같은 광고비는 언론사가 운영되는 데 매우 중요한 역할을 하는 수익원 중 하나야. 어떤 전자회사에서 신제품이 나왔다고 가정해 보자. 이 기업은 해당 제품을 여러 사람들에게 알려야겠지. 이때 가장 대중적이면서 일반적인 광고 매체 역할을 하는 것이 신문과 텔레비전이야. 여러분도 종이 신문 하단에 실린 광고를 본 적 있지? 아예 신문 한 면을 모두 광고로 채워 버리는 경우도 있어. 이럴 땐 지면 상단에 '전면 광고'라는 문구가 적히기도 해.

⟦ 끝없이 뻗어 나가는 기사형 광고 ⟧

비단 종이 신문뿐일까. 요즘 같은 온라인 미디어 시대에는 언론사 홈페이지, 앱 곳곳에 배너가 달린 걸 아주 흔하게 볼 수 있지. 배너란, 인터넷 홈페이지에 달리는 광고를 뜻해. 특정 홈페이지 메인 화면뿐 아니라 기사 중간중간 배너가 붙는 경우도 참 많아. 그런 탓에 기사를 읽으며 스크롤을 내리는데 배너가 계속 따라와 불편했던 경험도 있을 거야. 배너 창을 닫으려고 하다가 실수로 이를 잘못 클릭해 광고 페이지로 들어가게 되는 일도 왕왕 있었을 거고.

어떤 이들은 한 페이지에 배너가 너무 많이 달려 있어서 기사 읽는 데 집중력이 떨어지고 배너도 눈에 잘 들어오지 않는다고 말해. 광고주 입장에서는 비싼 돈 내고 단 배너인데 이렇게 광고 효과가 떨어지면 그것도 문제겠지. 이런 인식이 커지다 보니 광고주들의 관심은 자연스레 기사형 광고 쪽으로 옮겨갔어.

기사형 광고는 여러분도 일상에서 많이 봐 왔을 거야. 아래는 분야별 기사형 광고의 대표적인 제목들이야.

- 기적의 면역력, 암 환자들에게 희소식! (의료)
- 삼시 세끼만 잘 챙겨 먹었는데 살이 빠진다고? (건강식품)
- 신혼부부 집 구할 때 꿀팁 (부동산)
- 상위 1%만 아는 여름방학 독서법 (교육)

이런 기사형 광고의 경우 제목만 보면 각각 '면역력에 좋은 음식' '다이어트에 효과적인 운동법' '내 집 구할 때 체크해야 할 것들' '성적 올려 주는 방학 독서법' 등의 정보를 전달하는 기사이겠거니 싶지. 하지만 본문 몇 줄 읽다 보면 이것들이 각각 병원, 건강식품, 아파트, 학원 광고라는 걸 눈치채게 돼.

어떤 기사에서는 특정 분야 전문가를 앞세워 그와 관련한 제품이나 기업 등을 홍보하기도 해. 이른바 권위자로 불리는 이의 조언이라고 하면 우리도 모르게 신뢰한다는 점을 이용한 것이지. 게다가 이런 기사형 광고에 기자 바이라인(신문·잡지 등에서 기자·작가 등의 이름을 밝힌 줄)까지 있으면 뉴스 소비자 입장에서는 혼란이 커질 수밖에 없어.

현행법을 보면 신문·인터넷신문의 편집인 및 인터넷뉴스 서비스의 기사배열 책임자는 독자가 기사와 광고를 혼동하지 않게 명확하게 구분하고 편집하도록(제6조 3항 독자의 권리 보호) 규정하고 있어. 하지만 이를 어겼을 때에 대한 마땅한 제재 규정이 없기 때문에 이것이 기사인지, 광고인지 구분하기 어려운 꼭지들이 종이 신문 및 인터넷 신문에 계속 등장하고 있지.

예전에는 기사와 광고를 명확하게 분리하지 않은 경우 2000만 원의 과태료를 무는 식으로 처벌한 적도 있었어. 그러나 관련 조항이 사라진 후부터 기사형 광고는 다시 무분별하게 늘어나기 시작했어.

참고로 한국광고자율심의기구라는 곳에서 '기사형 광고 심의위원회'를 운영하고 있어. 기사와 광고의 혼동에서 비롯되는 피해로부터 독자를 보호하고 언론이 올바르고 유용한 정보 제공을 할 수 있도록 유도하자는 취지에서야. 이 기구에 따르면 광고라는 걸 명시하지 않았거나 광고를 기사로 오인하게 하는 등의 금지 사항을 어겨 경고·주의·권고를 받은 기사형 광고 수는 매해 2000건이 넘어가고 있어. 굉장히 많지? 이런 상황에서 얼마 전, 한 국회의원은 기사형 광고에 '광고'라는 사실을 제대로 알리지 않았을 경우 최대 2000만 원의 과태료를 부과하는 신문법 개정안을 대표 발의하기도 했어.

광고의 바다에 휩쓸리지 않기 위해

최근에는 '네이티브 광고'라는 것도 등장했어. 네이티브 광고란, '태어난 곳의'라는 뜻의 네이티브(native)와 광고(Advertising)를 합친 말이야. 네이티브 광고는 특정 웹사이트나 SNS 등 서비스 플랫폼 등에 적합한 방식으로 기획하고 제작된 광고인데 각 언론사 홈페이지에서는 기사 형식을 SNS에서는 해당 언론사 SNS 채널 등에서 제공하는 콘텐츠 형식을 띠곤 하지.

예를 하나 들어 볼게. 한 온라인 매체에 기사인 듯, 기사 아닌 듯 애매모호한 콘텐츠가 하나 게시됐어. 제목은 '피로를 풀어 주는 다섯 가지 방법'이었지. '반신욕을 한다' '기지개를 자주 켠다' 등 일상에서 실천할 수 있는 유용한 팁들이 제시됐어. 그런데 콘텐츠 제일 마지막엔 '와인 한 잔으로 하루를 마무리하라'면서 한 주류 회사의 관련 제품들을 소개하는 내용이 들어가 있었지. 자세히 다시 읽으니 이 콘텐츠 제목 위에는 이 주류 회사 '제공'이라는 표현이 붙어 있었어.

이 사례는 네이티브 광고의 대표적인 예라고 할 수 있어. 여러분이 네이티브 광고를 쉽게 만나 볼 수 있는 곳은 트위터, 페이스북, 인스타그램 등 SNS 채널들이야. 기존 SNS 타임라인에서는 여러분과 친구 맺은 사용자가 올린 게시물만 보이고 그 외 홍보성 콘텐츠는 타임라인과 구분되어 게시됐지. 그런데 언젠가부터 갖가지 광고성 콘텐츠들도 여러분의 SNS 타임라인에 섞여 올라오고 있어.

네이티브 광고는 기존 기사형 광고와는 달리 유익한 정보도 제공하면서 게시물 내에 광고주의 상품이나 기업 브랜드, 서비스 등 홍보 요소를 살짝 끼워 넣는다는 특징이 있어. 협찬, 제공 등 표시를 달아 이 콘텐츠가 광고와 연계돼 있음을 명시한다는 점에서 일반적으로 그렇지 않은 기사형 광고와는 차이가 있지.

언론사가 운영되는 데 광고 수익이 중요하다는 현실적인 점을 부정할 수 없지만 한편으로는 가장 객관적이어야 할 기사 영역에까지 광고 요소가 들어온다는 사실이 조금 씁쓸하고 안타깝기도 해. 수익만 추구하다가 언론사들이 신뢰를 잃게 되지 않을까 걱정하는 사람들도 있어.

기사인지 광고인지 구분하기 어려운 기사형 광고 등이 등장하는 때 뉴스를 보는 우리에게는 어떤 태도가 필요할까? 한 영화 속 대사를 인용해 '이것은 기사인가, 광고인가'라는 타이틀로 여러분만의 심의 기구를 만들어 보는 건 어떨까? 한국광고자율심의기구처럼 우리 스스로 문제가 될 만한 기사형 광고를 점검하는 거야.

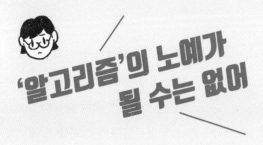

'알고리즘'의 노예가 될 수는 없어

'여기서 하는 말은 다 맞아'
소셜미디어 맹신 이대로 괜찮나

코로나19로 마스크 쓰는 일상에 지친 부녀가 나눈 대화야. 그런데 아빠와 딸 사이 의견 충돌이 있어 보이지? 아빠는 "코로나19 백신이 DNA를 바꿔서 인간의 뇌를 통제할 것이다"라고 말하고, 딸은 "왜 그런 허무맹랑한 얘길 믿느냐"며 답답해 하고 있어.

아빠가 말한 이 뉴스에 대한 사실 관계를 확인해 볼까? 마이크로소프트사를 설립한 세계적인 IT 재벌이자 자선사업가 빌 게이츠가 코로나19 바이러스를 퍼뜨린 배후이며 그가 뇌를 통제하는 백신을 만들어 퍼뜨리고 있다는 뉴스는 감염병 시대 음모론, 즉 가짜뉴스로 알려졌어. 여러 전문가들에 따르면 DNA를 변경하게 하는 백신은 이 세상에 없다고 해. 실제로 여러 언론들이 '이 뉴스는 잘못됐다'고 보도하기도 했지.

사실 이 뉴스를 들었을 때 "그렇구나" 하며 단번에 고개를 끄덕일 사람이 몇이나 되겠어? 하지만 실제 조사한 결과 이 엉터리 뉴스를 믿는 사람들이 꽤 많았어. 2020년 5월 여론조사 기관인 유고브가 미국인들을 대상으로 실시한 설문조사 결과를 보면 미국인 1640명 가운데 28%가 '백신에 마이크로칩을 심어 놨다' 등의 가짜뉴스를 믿은 것으로 드러났지. 대화 속 딸의 말처럼 이 '허무맹랑한 뉴스'를 사실이라고 곧이곧대로 믿어 버린 사람들이 실제로 있었다는 이야기야.

사람들이 공상과학 영화에서나 나올 법한 이야기를 사실이라고 감쪽같이 믿게 되는 이유는 뭘까? 아빠가 한 말에서 그 답을 찾을 수 있을 거야. 아빠는 이 가짜뉴스를 어디서 들었냐는 딸의 질문에 "온라인 모임방에서 공유된" 뉴스이고 "믿을 만한 정보통"이라고 대답하지. 그런데 아빠는 무슨 근거로 자신의 친구들이 모여 있는 온라인 모임방, 즉 소셜미디어 채널을 '믿을 만한 정보통'이라고 말하는 걸까?

우선 소셜미디어가 무엇인지부터 짚고 넘어가 보자. 소셜미디어는 사람들이 자신의 의견, 생각, 경험, 관점 등을 공유하기 위해 사용하는 온라인 도구 또는 플랫폼을 뜻해. 우리가 잘 아는 인스타그램, 트위터, 페이스북, 블로그 등 SNS, 카카오톡 오픈채팅, 네이버 밴드, 유튜브 등 다양한 온라인 채널들을 소셜미디어라는 범주에 포함시킬 수 있어.

소셜미디어라 불리는 이런 채널들에는 공통점이 있어. 기존 텔레비전이나 신문, 잡지 등의 매체는 '일대 다'식의 일방향 소통이 주가 됐어. 반면 소셜미디어는 이용자들이 자발적으로 참여해 서로 정보를 공유하고 함께 콘텐츠를 만들어 나간다는 특징이 있지. 복잡하게 생각할 거 없어. 여러분도 평소 관심 있게 본 글이나 뉴스를 페이스북이나 트위터 등의 채널에 공유하거나, 누군가 올린 정보 글 등에 '좋아요'를 누른 경험이 있을 거야. 소셜미디어에서는 이런 식으로 '다 대 다'의 쌍방향 소통이 활발해. 이곳에선 정보를 수동적으로 받아들이는 데 그치지 않고 그것과 관련해 직접적이고, 적극적인 소통을 할 수 있지.

마음껏 고르세요, 당신의 취향을 보여 드립니다

이렇게 이용자들 사이에서 각종 정보와 콘텐츠가 자유롭게 공유되고, 이에 대한 의견도 활발하게 오고간다는 것이 소셜미디어의 특장점이야. 하지만 그러한 특징 때문에 역으로 문제가 될 만한 가능성도 없지 않아. 소셜미디어에서 공유되는 정보의 신뢰성에 대해 사람들의 판단력이 흐려질 수 있다는 점이지. 무슨 의미냐고?

자, 함께 생각해 보자. 페이스북이나 카카오톡, 네이버 밴드 등 많은 사람들이 이용하는 소셜미디어는 지인 또는 비슷한 취향과 관심 분야를 소유한 이들끼리의 네트워크로 이루어져 있어. 취향과 관심 분야가 비슷하다는 말은 생각과 의견도 비슷할 가능성이 크다는 말이기도 할 거야. 그렇다 보니 소셜미디어에서 맺은 관계들 사이에서는 서로 '공감의 댓글' '좋아요' 등을 눌러 주는 경우가 많지.

'친밀한 관계' '취향이나 생각, 관심이 비슷한 관계'에 있는 사람들이기 때문에 소셜미디어에서 연결되어 있는 사람들이 전달하는 정보는 다른 정보보다 더 중요한 정보로 받아들여지는 일도 많아. 대화 속 아빠가 친구들과의 모임방에서 공유된 뉴스를 얘기하며 '믿을 만한 정보통'이라고 말하는 것처럼 말이지. 그런 탓에 소셜미디어에서 공유된 정보를 사실인지 아닌지 확인조차 하지 않은 채 믿어 버리는 사람들도 많다고 해. 그리고 그런 맹점을 이용한 가짜뉴스가 유통되기도 하고.

과학 기술인 '알고리즘'(algorithm)은 비슷한 취향의 정보나 뉴스에 노출되게 하는 현상을 더욱 심화시키기도 해. 여러분도 경험한 적 있을 거야. 유튜브에서 여러분이 검색했던 옷, 가방 등에 대한 정보가 웹사이트나 소셜미디어 등에 접속했을 때도 계속해서 보였던 경험.

이는 우리가 사이버상에 남긴 발자국을 추적해 똑같은 또는 비슷해서 선호할 만한 상품을 추천해 주는 알고리즘이 작용해서야. 알고리즘은 주어진 문제를 논리적으로 해결하기 위해 필요한 절차, 방법, 명령어들을 모아 놓은 것을 뜻하는 말인데, 과학 기술은 알고리즘을 통해 우리가 자주 보는 내용과 유사한 정보를 추천해 줄 수 있어. 우리가 '신학기 노트북'이라고 검색하면 인터넷을 켤 때마다 신학기 노트북 제품이 광고로 뜨는 이유도 알고리즘이 작동했기 때문이야.

소셜미디어 중에서도 요즘 사람들이 가장 많이 이용하는 유튜브는 이용자의 데이터를 바탕으로 좋아할 만한 영상을 끊임없이 추천해. 이른바 유튜브 추천 알고리즘이 작동하는 거지. 이를 두고 '어머! 취향 저격!'이라며 좋아할 수도 있지만 사실 유튜브 추천 알고리즘에는 이용자 개개인의 유튜브 동영상 시청 시간을 늘려 광고 수익을 높이려는 상업적인 목적이 숨어 있다는 점도 알아 둬야 해.

뉴스를 볼 때 균형감이 필요한 이유

이렇게 소셜미디어의 개인 맞춤형 서비스는 이용자들을 자신만의 울타리 안에 갇히게 만들기 쉬워. 이를 두고 '필터 버블'(Filter Bubble)이라고 해. 이용자가 편향된, 즉 치우친 정보의 '거품'에 갇히는 현상을 뜻하는 말이야.

소셜미디어에서 자신이 좋아하는 방향으로 정보를 습득하고 그 정보에 대한 믿음을 강화시켜 나가는 현상을 뜻하는 말도 있어. 바로 '반향실 효과'(Echo Chamber Effect)야. 반향실은 특수 재료로 벽을 만들어 소리가 밖으로 나가지 않고, 그 방 안에서 메아리처럼 울리게 만든 방을 뜻하거든. 그래서 반향실에서는 어떤 소리를 내도 똑같은 소리가 메아리처럼 되돌아오지.

여기서 착안해 만든 반향실 효과라는 말은 비슷한 생각을 가진 사람들이 함께 모여 있으면 그들만의 사고방식이 돌고 돌며 그들 사이에 신념과 믿음이 증폭되고, 강화된다는 의미야. 그렇게 반향실 효과에 갇혀 버린 사람들은 자신이 보고 싶은 것만 보고, 듣고 싶은 것만 듣게 되지. 대화 속 아빠가 백신의 효능에 대해 '속으면 안 돼!'라고 말한 이유도 여기 있어.

반향실에 갇혀 자신이 보고 싶은 것만 보고, 듣고 싶은 것만 듣는 오류에 빠지는 현상을 뜻하는 말도 있어. 이를 두고 '확증편향'(confirmation bias)이라고 해. 확증편향 오류에 빠진 사람은 자신의 견해에 도움이 되는 정보만 취해. 또한 자신이 믿고 싶지 않은 정보에는 신경 쓰지 않거나 외면하고. 중요한 건 소셜미디어 세계에서는 이런 오류에 더욱 쉽게 빠질 수 있다는 사실이야.

우리도 모르는 새 한쪽으로 치우친 뉴스를 계속 접하면 어떤 현상이 일어날까? 내가 아는 세상과 반대되는 이야기를 하는 사람의 주장은 받아들이기 어려워질 수 있어. 나와 입장이나 생각이 다른 사람과 대화할 때는 "답답하다"거나 "틀렸다"고 느낄 수도 있지. 이런 현상이 심화되면 사회적으로 사람들 사이 의사소통이 어려워지거나 더 나아가 다른 사람을 이유 없이 혐오하는 상황까지 펼쳐질 수 있어.

여러분이 부모님께서 차려 주신 식탁 앞에 앉아 있다고 생각해 보자. 눈앞엔 여러 가지 반찬이 놓여 있어. 여러분이 손에 쥔 젓가락은 당연히 평소 좋아하는 반찬 쪽으로 향하게 되겠지. 부모님은 그런 여러분을 보며 "편식하지 말고 골고루 먹어야 건강해지지"라고 한 말씀 하실 거야.

우리가 건강하게 성장하려면 상대적으로 내가 좋아하지 않는, 낯선 음식도 골고루 먹어야 하는 것처럼 뉴스 역시 균형감 있게 보려는 노력이 필요해. 여러분도 모르는 새 여러분의 생각이 한쪽으로 기울어질 수 있다는 사실을 잊지 않았으면 좋겠어. 그런 점에서 각기 다른 언론사들이 같은 사안을 놓고 어떻게 다르게 보도했는지 살펴보는 시간을 가지면 어떨까? 우리 생각이 한쪽으로 기울거나 통제되는 걸 막으려면 이 정도 시간은 내야 하지 않을까?

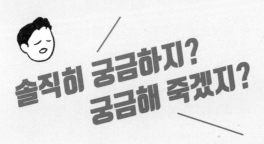

솔직히 궁금하지?
궁금해 죽겠지?

요즘 학폭으로 인터넷이 시끌시끌해.

박취재가 가해자였다니...

어제 포털에서 '박취재' 기사가 몇 건이나 검색됐는지 알아?

위낙 핫하니까 한 30건 정도?

아니, 200건이 훌쩍 넘었대!

한 언론사에서도 제목만 바꾼 기사를 계속 내더라.

박취재 10년 전 사건까지 올라왔어.

　연예인과 스포츠 스타 등 유명인들이 과거 저지른 학교 폭력 사건들이 심심치 않게 드러나는 요즘이야. 두 친구의 대화에 나온 가수 '박취재'라는 인물도 학교 폭력으로 논란을 빚고 있는 거 같아. 이야기를 듣다 보면 "맞아. 현실에서도 이럴 때 많아"라며 공감하게 되는 대목도 있을 거야.

　현실에서도 그날그날 많은 이들의 이목을 집중시킬 만한 뉴스거리가 나오면 언론들은 해당 뉴스 속 특정 인물이나 키워드가 들어간 기사를 수백 개씩 쏟아 내지. 대화 속 친구의 말처럼 한 언론사에서 기사 제목만 바꾼 채 내용은 거의 같은 기사를 수십 건 올리는 경우도 흔히 볼 수 있어. 이를 두고 '뉴스 어뷰징'(abusing)이라고 해. 뉴스를 생산한 측이 포털 사이트에서 기사의 노출 빈도와 클릭 수를 늘리기 위해 최초 보도된 기사를 제목이나 내용만 살짝 바꿔 반복해 전송, 게시하는 행위를 뜻하지. 어뷰징(abusing)은 '남용'(濫用) '오용'(誤用)을 뜻하는 단어인 '어뷰스'(abuse)에서 파생된 어휘야. '남용'은 일정한 기준이나 한도를 넘어 함부로 쓰는 것, '오용'은 잘못 사용하는 것을 뜻해.

뉴스 어뷰징 현상은 어떤 배경에서 시작된 걸까? 인터넷 기술이 발달하고 온라인에서 뉴스를 접하는 세상이 오면서 대다수 사람들이 PC 또는 모바일로 뉴스를 접해. 이때 많은 사람들이 포털 사이트를 통해 뉴스와 만나지. '입구가 되는 사이트'라는 뜻의 포털 사이트(portal site)는 이용자가 필요로 하는 다양한 서비스를 종합적으로 모아 놓은 창구야.

아마 여러분 중에 네이버나 다음 같은 포털 사이트를 이용하지 않는 사람은 거의 없을 거야. 포털 사이트는 매일, 시간대별로 많은 사람들이 검색한 키워드를 순위를 매겨 보여 주는 '실시간 검색어' 서비스를 운영해 왔어. 실시간 검색어 서비스가 등장하면서 이를 통해 최신 트렌드나 재난 이슈, 중요 속보 등을 뉴스 소비자들이 실시간으로 더 쉽게 접할 수 있다는 장점도 있었지.

반대로 심각한 문제도 일어났어. 언론사들은 어떻게든 화제가 될 만한 이슈 키워드가 실시간 검색어에 오를 수 있도록 엄청 많은 기사를 생산해 냈거든. 이런 현상은 온라인 뉴스 매체 중심으로 심화됐지. 이들이 이렇게 같은 키워드가 들어간 여러 기사를 계속 전송한 건 수익 창출을 위해서였어. 온라인 뉴스 매체들은 기사 옆 각종 광고 배너 등을 달아 수익을 내는 경우가 많거든. 더 큰 수익을 올리기 위해서는 더 많은 뉴스 소비자들이 자사 기사를 클릭하게 만들어야 하니까 실시간 검색어에 오른 키워드를 넣은 기사를 반복 생산해 낸 거지.

꼬리에 꼬리를 물고 쏟아지는 기사들

문제는 이 과정에서 화제의 키워드를 반복하기만 할 뿐 사실 관계 등이 전혀 검증되지 않은 기사들이 쏟아져 나왔다는 데 있어. 단순히 '내용이 없다'라는 문제를 넘어 때로는 현재 이슈와 아무런 상관이 없는 오래전 일을 추가로 언급하거나 심지어 확인되지도 않은 사실을 매우 자극적으로 포장해 기사로 내보내기도 해. 만화 속에 등장한 뉴스를 좀 더 이야기해 보자.

A. 가수 박춰재 학폭 피해자 '내가 입 열면 끝나' 충격 증언

A-1.'내가 입 열면 다 끝나' 가수 박춰재 학폭 피해자 주장 들어 보니

A-2. 박춰재에게 학폭 피해 '내가 입 열면……' 충격 도가니

일반적으로 한곳에서 A와 같은 기사를 보도하면 다른 뉴스

매체들은 뒤따라 A-1, A-2와 같은 기사를 앞다퉈 내보내곤
해. 비단 이뿐일까? 다음 제목도 한번 살펴보자.

B. 학폭 박취재 과거 클럽서 여친과 자유분방 한 컷
C. 관계자들, 박취재 피해자 K씨로 추측…… 걸그룹 ○○○
신곡 급상승

B에서처럼, 사실이긴 하지만 현재 상황과 직접적인 관계가
없는 과거 사진이나 사건, 발언 등을 언급하는 기사들도 다수
나오는 걸 확인할 수 있지. 더 나아가 C에서처럼 확인되지 않
은 추측만 난무하게 하는 기사도 있어. 제목을 클릭하면 기사
는 '관계자'라 불리는 누군가(익명)의 추측성 발언만으로 쓴
경우가 대다수지. 기사 말미에 학교 폭력과는 상관없이 "한편
이날 걸그룹 ○○○의 신곡이 차트에서 급상승하고 있다" 등
의 문장을 덧붙여 마치 이 뉴스의 학교 폭력이 현재 급상승하
고 있는 걸그룹 멤버들과 관계가 있는 것처럼 비춰지게 하는
경우도 있어. 피해자가 누구인지 추측하게 만드는 것은 물론
이고 마치 피해자가 특정 걸그룹 멤버인 것처럼 생각이 들도
록 한 악의적인 기사라고 할 수 있지.

뉴스 어뷰징 현상은 정치, 경제, 사회, 문화 등 다양한 분야

에서 일어나고 있어. 실제로 우리나라에선 한 장관 후보자와 관련해 뉴스 어뷰징 문제가 불거진 적이 있었어. 이 후보자가 특정 여배우와 관련 있다는 한 유튜버의 발언이 '카더라 통신' 식으로 퍼졌어.(카더라 통신이란, 근거가 부족한 소문이나 추측을 마치 사실인 것처럼 전달하거나, 그런 소문을 의도적으로 퍼뜨리는 사람 등을 비유적으로 이르는 말이야.) 각종 뉴스 매체들은 정확한 사실을 검증하지도 않고 장관 후보자 이름과 '여배우'라는 단어가 나란히 들어간 뉴스를 반복적으로 생산하기 시작했어. 조회 수를 높일 목적이었던 것이지.

본질을 꿰뚫어 보는 뾰족하고 날카로운 시선

그렇다면 뉴스 어뷰징 현상으로 인한 문제는 뭐가 있을까? 우선 뉴스 소비자들로 하여금 자극적인 몇 개 키워드에만 주목하게 한다는 점을 꼽을 수 있어. 문제의 본질은 무엇인지, 어떤 해결책을 내놓아야 할지 등에 대해 고민할 기회가 사라져 버리지. 학교 폭력 사건의 경우를 예로 들어 볼까?

• 가해 방법, 생각만 해도 놀라워

- 가해자, SNS에 사과문 게시
- 가해자가 나온 방송 프로그램 재촬영
- 또 다른 피해자 등장, 사건 커지나?
- 가해자, 피해자를 직접 찾아 용서 구하고 합의

위에서처럼 사건과 관련해 시시각각 벌어지는 일들을 자극적인 어휘를 붙인 뒤 잘게 쪼개 보도할 뿐 우리 사회가 학교폭력 문제를 해결하기 위해 무엇을 해야 하는지를 고민하는 기사는 거의 없지. 사실상 해야 할 일은 문제의 본질인 학교폭력이 왜 반복해 일어나는지, 구조적 원인은 무엇인지, 피해자를 보호하고 그의 트라우마를 치유하기 위해 사회가 할 일은 무엇인지 등을 고민하는 것일 텐데 말이야.

이런 상황에서 포털 사이트를 운영하는 측에서는 '뉴스제휴 평가위원회'를 통해 어뷰징을 일삼는 언론사들을 제재하는 장치를 마련했어. 또한 뉴스 어뷰징 현상이 실제로 크게 줄어들까 기대하게 만드는 소식도 있어. 한 포털 사이트가 2020년 2월 25일 실시간 검색어 서비스를 종료한 게 바로 그것이야. 언론계에서는 상당수 온라인 매체들이 실시간 검색어 관련 어뷰징 팀을 따로 꾸렸을 정도로 실시간 검색어를 통해 수익을 올리려는 분위기가 만연했거든. 이런 상황에서 실시간 검색어 서비스가 종료됨에 따라 뉴스 환경이 건강해지지 않을까 기대하는 이들도 있어. 반면 실시간 검색어가 사라져도 '낚시성 기사'는 계속 나올 거라고 비관적으로 보는 이들도 있고.

뉴스 어뷰징 문제가 근본적으로 해결되려면 어떤 노력이 필요할까? 무엇보다도 뉴스 매체들이 언론으로써 역할을 제대로 해야겠지. 사건의 본질을 제대로 꿰뚫어 보고 해결책을 모색하려는 등 언론의 소명을 다하는 태도가 필요할 거야. 뉴스 소비자들 역시 날카로운 시각으로 의미 있는 기사를 찾아 읽으면 좋겠지. 이런 제대로 된 기사들이 더 많은 사람들에게 널리 읽히는 문화가 자리 잡도록 말이야.

뉴스 어뷰징 문제가 논란이 되는 가운데서도 클릭 수 등에 연연하지 않고 좋은 뉴스를 생산하려고 애쓰는 매체도 분명 존재해. 오늘의 핫이슈를 다룬 수많은 기사들 가운데 이렇게 의미 있는 기사를 하나씩 찾아보는 활동을 하는 건 어떨까? 혼탁해진 뉴스의 바다 속에서 보석과도 같은 기사를 발견했을 때의 즐거움을 여러분들도 느껴 보면 좋겠어.

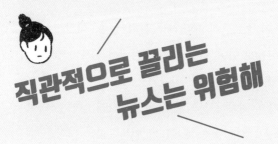

직관적으로 끌리는 뉴스는 위험해

언니,
이 기사 좀 봐.
아찔 수영복?
완전 거짓말이잖아.

뭔데?

최특보가 여섯 살짜리
조카한테 선물한 수영복 사진
올린 걸
기사로 썼더라고.

● 최특보
...

좋아요 ×××수
최특보 선물받고 신난 조카♡

엥? 근데 제목은 왜 저래?
클릭하라고 낚는 거지.
어휴, 별게 다 기사야.

"정말 멋지다!" 가창력과 연기력으로 주목받는 가수나 배우 등 연예인을 보면 감탄이 절로 나오지. 힘든 훈련 끝에 각종 스포츠 대회에서 우수한 성과를 내는 선수들을 볼 때도 마찬가지고. 이렇게 연예인과 스포츠 선수 등 유명인들은 늘 화제의 중심에 있어.

요즘은 이들의 공적 행보뿐 아니라 결혼과 이혼, 자녀 출산 심지어 어떤 옷을 입고, 어떤 음식점에서 밥을 먹었는지 등 소소한 일상까지 관심을 보이는 이들이 많아졌어. 이런 현상은 유명인들이 인스타그램이나 유튜브 등에서 일상 사진과 영상으로 팬들과 적극적으로 소통하는 게 일상화되면서 더욱 심해졌지.

팬 입장에서 자신이 좋아하는 스타에게 관심을 갖는 건 매우 자연스러운 심리야. 이를 비난할 건 아니지만 때로는 그 관심이 선을 넘는 건 아닌지 살펴볼 필요도 분명 있을 거야.

그런데 요즘 나오는 뉴스들은 뉴스 소비자로 하여금 특정 연예인이나 스포츠 스타, 인플루언서로 불리는 유명인들에게 지나치게 관심을 갖고 이른바 '선을 넘도록' 유도하는 경향이 강해. 만화에 나온 기사도 그런 경우라 할 수 있지.

이 기사는 '최특보'라는 가수가 최근 본인의 SNS에 올린 사진을 보고 작성한 거야. 제목에 '하트(♥)' 표시부터 '아찔' '수영복' 등의 단어가 들어가 자극적이고 선정적인 느낌을 주지. 사람들은 일반적으로 이런 자극적인 표현이나 이미지 등에 쉽게 끌리는 경향이 있거든. 그래서 최특보에게 별다른 관심이 없었더라도 제목만 보고 이 기사를 클릭해 읽은 이들도 있었을 거야. 자극적이고 선정적인 제목 탓에 특별히 관심 없던 연예인의 SNS 속 일상을 들여다보는 것이지.

그런데 이 기사의 문제는 자극적이고 선정적인 제목에만 있지 않아. 제목과 그 내용이 다르다는 점도 지적받아야 해. 제목만 봐서는 최특보가 수영복을 입고 찍은 사진에 대한 기사처럼 보이지. 하지만 실제로는 그가 조카에게 선물한 수영복 사진을 올렸다는 내용이야.

무엇보다 어린아이가 선물받은 수영복 사진에 '아찔'이라는 선정적인 표현을 붙였다는 데도 문제가 있어 보여. 이런 자극적인 제목으로 뉴스를 읽는 이들의 클릭을 유도한 것이지. 이 뉴스는 유명인의 사생활을 과도하게 보도했을 뿐 아니라 그들의 사생활을 왜곡해 선정적으로 보도했다는 점에서도 문제 될 만해.

당신의 일상을 파헤칠게요, 지구 끝까지 쫓아가더라도

유명인이라는 이유만으로 일상생활이나 가족 관계 등의 사생활이 과도하게 노출되거나 선정적으로 기사화되는 걸 원하는 사람이 과연 있을까? 그런데 온라인 뉴스가 발달하고, 뉴스 소비자의 클릭 수가 곧 언론사의 수익과 직결되면서부터 유명인의 사생활은 뉴스의 단골 소재가 되어 왔어.

여러분도 많이 봤을 거야. 유명 아이돌 그룹 누가 누구와 사귄다더라 하는 소문이 돌면 그들이 정말 연애를 하는지 등을 잠적 취재해 '몰래 카메라'를 찍고, 그들의 일거수일투족을 보도하는 경우 말이지. 이렇게 유명한 사람을 쫓아다니며 사생활을 찍는 이를 '파파라치'라고 부르기도 해.

2019년 한 연예인 커플이 이혼했을 때 그들에 대한 과도한 사생활 보도 역시 도마 위에 올랐어. 몇몇 언론들이 그들의 신혼집을 찾아가 "꽤 오랜 기간 우편물이 쌓여 있었고, 쓰레기봉투도 나오지 않았다"는 등 이웃들의 목격담까지 받아 기사로 쓴 거야. 워낙 큰 사랑을 받는 직업인만큼 대중의 관심에서 완전히 자유로울 수 없겠지만 스타라는 이유만으로 원치 않는 사생활까지 낱낱이 공개돼야 한다는 법은 없어.

오히려 그 스타를 진심으로 사랑하는 팬이라면 사생활에 대한 과도한 관심보다는 그가 걸어갈 앞으로의 행보에 관심을 갖고 격려와 응원을 보내지 않을까? 하지만 대중들이 이렇게 건강한 관심을 쏟으려고 하면 뭐해. 몇몇 매체들이 '논란' '충격' 등의 말을 붙여 유명인들에 대한 왜곡된 관심을 부추기는 기사를 계속 생산해 내는걸.

SNS를 이용하는 연예인들이 늘어나면서 이런 현상은 더욱 심해지고 있어. 최근 나오는 온라인 연예 뉴스의 특징은 SNS 채널에 올라온 연예인들의 사진과 글 등을 계속해서 낱낱이 기사화한다는 점이야. 그들이 직업인으로서 수행하는 일, 즉 '공적 영역'뿐 아니라 패션, 맛집, 여행, 가족, 반려동물 등 다양한 일상 콘텐츠가 모두 기사의 소재가 되지.

SNS 채널에 올라온 인기 연예인의 근황 등은 대중의 관심을 끌기 충분한 데다 사실상 별다른 취재 없이 그대로 가져와 손쉽게 기사화할 수 있어. 뉴스를 생산하는 입장에서 보면 뉴스 생산에 드는 품이 적다고 할 수 있지. 연예 이슈 기사를 전문적으로 쓰는 기자의 이야기를 들어 보면 연예인이나 스포츠 선수 등 유명인들의 인스타그램 계정을 수십 개씩 팔로우해 기사를 쓴다고 해. 물론 이렇게 하는 이유는 유명인들의 사생활을 소재로 한 기사가 조회 수를 높이는 데 큰 도움이 되기 때문이야. 쉽게 말해 '돈 되는 상품'이라는 의미지.

"당신의 SNS에 올라온 내용을 이런 기획 의도로 이루어진 기사에 사용해도 될까요?"

유명인 측에 이렇게 사전 허락을 받고, 필요하다면 보충 취재 등을 한 뒤 그 내용을 실으면 어떨까? 그런데 이런 과정을 거치는 경우는 거의 없다고 봐야 해. 유명인들의 SNS 콘텐츠는 거의 암묵적으로 허락받았다는 가정 아래 복사해 붙여서, 이른바 '복붙해' 기사화하는 일이 다반사거든. "유명인 측에서 문제를 삼으면 되는 거 아닌가요?"라고 말할 수 있지만 이 역시 현실적으로 쉽지 않은 일이야. 문제 제기를 했다가 언론사와 껄끄러운 관계가 형성될 수도 있기 때문에 그냥 참고 넘어가는 경우도 많다고 해.

나쁜 뉴스를 소비하지 않는 태도

지난 2019년 10월에 한 연예인이 안타깝게 사망한 데도 각종 미디어가 SNS를 중심으로 그의 일거수일투족을 과도하게, 선정적으로 보도한 영향이 결코 적지 않다고 말할 수 있어. 민주언론시민연합이 발표한 '신문·방송 모니터 보고서'를 참고해 보자. 자료는 이 연예인이 사망하기 전날부터 이전 6개월 동안 종합일간지, 경제지, 방송사, 연예·스포츠 매체, 뉴스통신사 등에 실린 기사를 분석하고 있어.

선정적인 보도를 한 기사들의 제목 속 주요 키워드를 한번 볼까? '시선 강간' '속옷 미착용' '셀카'. 이는 모두 고인이 생전에 SNS에 올린 게시물을 기반으로 작성한 기사들이었어. 당시 언론들은 조회 수를 올리기 위해 이렇게 자극적 제목을 단 기사를 수차례 작성했어. 이에 대해 민주언론시민연합은 "논란이 아닌 것에 '논란' 딱지를 붙이기도 하고, 악성 댓글을 그대로 가져와 기사에 붙이는 등 논란을 만들었다"고 지적했지.

우리는 단순히 이 연예인이 악플 탓에 사망했다고 생각하기 쉽지만 사실 그의 죽음에는 언론의 책임도 매우 커. 대중들이 개인에게 생각 없이 던진 악플을 '논란'이라며 기사로 반복해 소개했지. 그러고는 더 많은 대중들이 그의 SNS 계정에 들어와 또 다른 악플을 달게 만들었어. 결과적으로 보면 '이 연예인에게 악플을 달라'고 끊임없이 미끼를 던진 셈이나 다름없어.

이 연예인의 사망 후 IT기업들은 시스템 개편을 통해 뉴스 댓글을 없애기 시작했어. 카카오가 2019년 10월 포털 사이트 최초로 연예뉴스 댓글 서비스를 폐지한 것을 시작으로 네이버와 네이트도 그 뒤를 이었어. 이에 대해서는 뉴스 소비자들도 반기는 분위기야. 한국언론진흥재단이 2020년 12월 17일 네이버뉴스 이용자 1200여 명을 대상으로 연예 뉴스 댓글 폐지에 대한 설문을 한 결과를 보면, "잘한 결정"이라고 답한 응답자가 전체 70%가 넘었지.

"그렇게 나쁜 의도로 기사화되는 게 싫으면 SNS를 안 하거나 논란이 될 만한 내용을 안 올리면 되는 거 아닌가요? 유명하니까 그 정도는 감당해야 하는 거 아닌가 싶기도 해요."

누군가는 이렇게 말할 수 있을 거야. 그런데 문제의 본질은 '기사화하지 말아 주세요'라는 말이 붙어 있음에도 유명인의 누군가의 SNS 내용을 복사해 오거나 또는 왜곡해 기사화하는 데 있는 게 아닐까? 이렇게 기사화되는 것이 두려우면 SNS를 안 하는 게 낫지 않느냐고 하는 건 논지를 벗어난 얘기 아닐까. 게다가 SNS에선 이 채널을 운영하는 본인이 직접 게시물을 올리고 삭제하고, 악플러를 차단하는 등의 적극적인 대처를 할 수 있지만 기사는 그렇지 않잖아. 본래 의도가 왜곡보도되어 논란을 키우기도 하고, 한번 퍼지면 걷잡을 수 없는상황까지 이르기도 하니까.

사실 연예인이 공인인지 사인인지, 그들의 SNS가 공적 영역인지 사적 영역인지는 답 없는 논쟁이야. 그렇지만 공인 그리고 공적 영역이라고 해서 왜곡·과장·선정적인 보도가 허용된다는 법은 없어. 논란거리도 아닌데 '논란', 충격적인 소식도 아닌데 '충격'이라고 표현하는, 선을 넘는 기사는 나오지 않았으면 좋겠다는 생각이 들어.

　물론 이런 기사가 나오지 않으려면 더 이상 이런 뉴스가 사람들에게 소비되지 않는다는 전제가 필요하겠지. 그물에 걸리는 뭔가가 있으니 그물을 치는 등 '낚시성 기사'가 나오는 게 아닐까. 그런 점에서 오늘 하루, 연예인 인스타그램을 받아쓴 기사를 나도 모르게 몇 번이나 클릭했는지 진지하게 돌아보면 어떨까?

다시 보자! 뉴스 속 그 표현 ④

선정적인 표현은 NO!

연예 관련 뉴스를 읽다 보면 특정 성별의 신체를 매우 선정적으로 묘사한 표현들도 많이 보게 돼. 또한 범죄 사건을 다룬 뉴스에선 피해 상황을 지나치게 자극적으로 다뤄 클릭을 유도하는 경우도 많아. 누군가를 성적으로 대상화하거나 피해자에게 2차 가해를 하는 것이나 다름없는 뉴스는 없는지도 잘 살펴보자.

"원조 꿀벅지+글래머러스 라인, 명동이 들썩"

"신작으로 복귀한 K, 조각 같은 가슴 근육 뽐내"

⇨ 특정 성별의 신체 분위를 자극적으로 묘사하고 여기에만 주목한 표현이야. 선정적인 뉴스의 대표적인 사례지.

"하의 벗겨지고 얼굴 등에 심한 폭행"

⇨ 범죄 상황을 이렇게 구체적이고 선정적으로 묘사할 필요가 있을까? 이는 피해자에게 2차 가해를 하는 것이나 다름없는 뉴스야.

"무더위에 짧은 옷차림 여성들 노리는 범죄 늘어"

⇨ 이 뉴스의 제목은 '범죄'와 '짧은 옷차림'을 연결 짓고 있지. 범죄의 발생 원인이 마치 피해자에게 있는 것처럼 말이야.

뉴스 보는 '매의 눈'을 선물합니다

어때? 뉴스 분석 여행을 한 소감이? "뉴스 하나 보는 게 뭐 이렇게까지 복잡하고 어렵죠? 너무 피곤해요." 이렇게 말하는 이도 있을지 모르겠어. 하지만 그렇다고 해서 대충 넘겨봤다간 큰 코 다칠 수 있어.

사례를 멀리서 찾을 것도 없지. 코로나19 상황에서 등장했던 가짜뉴스들만 봐도 우리가 왜 뉴스를 맹신해선 안 되며 날카롭게 곱씹어 봐야 하는지를 말해 주거든. 미국 열대의학·위생학회(ASTMH)가 2020년 중순께 발표한 '코로나19 관련 인포데믹과 공중보건상 영향'을 보면 고농도 알코올을 마시면 코로나19 바이러스가 없어진다는 등 가짜뉴스가 전한 정보를 따라 하다 전 세계적으로 최소 800명이 목숨을 잃고, 5800여 명이 병원 신세를 졌다고 해.

이 정도까지는 아니어도 왜곡된 뉴스에 의해 속게 되는 일상적 사례는 너무 많아. 여러분도 이런 경험 한번쯤 해 봤을 거야. 좋아하는 연예인과 관련해 '정말 엄청난 사건이 일어났다'는 제목의 뉴스가 올라와서 클릭을 했는데 알고 보니 뉴스거리로 볼 수 없는 내용이 담겨 있었던 적 말이야. 이런 뉴스에 몇 번 속아 이를 클릭한 흔적이 있으면 '알고리즘'이라는 기술이 작동해 비슷한 엉터리 뉴스들만 반복해 추천받게 되기도 하지.

그럼 결국 뉴스를 안 보는 게 답일까? 그렇지는 않지. "반드시 마스크를 쓰세요" "환기가 중요합니다" "백신 접종 간격 잘 맞춰야 합니다" 코로나19라는 불안 상황 속에서 사람들은 뉴스를 통해 이런 의미 있는 정보를 얻을 수도 있었잖아.

여기서 알 수 있는 건 뉴스를 제대로 읽고 이해하고 해석하는 사고와 시각이 매우 중요하다는 점이야. 특히나 요즘처럼 복잡해진 뉴스 환경 속에서는 뉴스를 보는 특유의 '매의 눈'이 반드시 필요해지지.

이를 다른 말로 '비판적 사고'라고 할 수 있어. 비판적 사고란, 어떤 사태나 사안에 대해 감정 등에 사로잡히지 않고 이를 논리적이고 합리적으로 분석·평가·판단해 보는 것을 뜻하는 말이야. 예를 들어, 코로나19 관련 정보를 담은 뉴스가 나왔을 때 이 뉴스가 믿을 만한 것인지 아닌지를 하나하나 뜯어보는 것도 뉴스를 보는 비판적 사고라고 할 수 있어.

비판적 사고를 바탕으로 뉴스를 제대로 읽고 이해하고 분별할 수 있는 능력을 두고 '뉴스 리터러시'(news literacy)라고 부르기도 해. 여기서 'literacy'는 '문해력'(文解力), 즉 '글을 읽고 쓸 줄 아는 능력'을 뜻해. 뉴스 리터러시는 단순히 뉴스에 적힌 어휘나 문장을 읽고 쓸 수 있느냐를 말하는 건 아니야. 뉴스를 앞뒤 맥락을 읽고 이해하고, 이를 비판적으로 곱씹어 볼 수 있는 능력을 뜻하지. 예를 들어, "고농도 알코올을 마시면 코로나19 바이러스가 사라진다"는 뉴스가 나왔을 때 이
뉴스가 어떤 언론사에서 쓴 것인지, 제대로
된 문장으로 이루어져 있는지, 이 주장의 근
거는 무엇인지 등을 잘 살펴보고, 뉴스의
의미나 진위를 판단하는 사람은 뉴스 리터
러시 능력을 소유했다 할 수 있어.

   오랜 시간 동안 뉴스와 함께해 온 나는 이 책을 쓰면서 뉴
스란 무엇인지, 뉴스 환경이 어떻게 변하고 있는지, 뉴스 생산
자로서 어떤 태도를 가져야 하는지를 곰곰 생각해 보고 반성
할 수 있었어. 나아가 '뉴스 리터러시 능력 기르는 법' 등 그간
정리해 둔 정보를 독자들과 나눠 보고 싶다는 마음도 품게 됐
어. 이를테면 바로 이런 것들이야.
   1) 뉴스와 친해지되 거리 두기
   2) 앞뒤 정황(맥락)을 살펴보기
   3) 사실과 의견을 구분해보는 훈련하기
   4) 다른 사람들과 함께 이야기 나눠보기
   5) 뉴스를 직접 만들어 보기
   하루에도 너무 많은 뉴스가 등장하는 탓에 지겨울 법도 하
지만 뉴스를 멀리한다면 그것을 보던 밝은 눈도 점점 흐려지

기 쉬울 거야. 단, 뉴스를 많이 접하되 여러분 앞에 온 뉴스를 곧이곧대로 받아들이지 말고 의심해 보는 일종의 '거리 두기'를 해 봤으면 좋겠어. 셜록 홈즈와 에르퀼 포와로와 같은 명탐정들이 사건을 마주했을 때 일단 비판적으로 의심해 보는 것처럼 말이야. 그들이라면 아마 그 뉴스가 어떤 언론사에서 나왔고, 또한 그 언론사는 어떤 곳인지 등을 먼저 살펴봤겠지.

특정 뉴스가 다룬 사건·정보의 앞뒤 정황, 즉 맥락을 살펴보는 것도 필요해. "코로나19라는 바이러스가 확산하고 있다"는 뉴스가 나온다면 이 바이러스가 언제, 어디서 나오게 된 건지를 다룬 뉴스를 먼저 찾을 수 있겠지. 그러고나서 이 바이러스가 어떤 바이러스인지를 알아본 뉴스도 찾을 수 있을 거야. 이런 식으로 특정 뉴스가 다룬 소식과 관련해 전후를 살펴보게 해 주는 다른 뉴스들을 읽어 보면 어떤 사건사고의 맥락을 좀 더 명확히 파악하는 눈이 생길 거야.

　뉴스를 보면서 사실과 의견을 구분하는 훈련을 해 두는 것도 좋아. "연기자 ○○○ 씨는 올해 이 영화로 ○○영화제 주연상을 비롯해 ○○필름 주연상, ○○예술 주연상까지 3개 상을 수상했다"라는 문장은 사실을 적은 것이야. 그리고 "연기자 ○○○ 씨는 이번 작품에서 신들린 듯한 연기를 펼쳐 보이며 우리나라 최고의 주연 배우로서 자리를 굳혔다"라는 문장은 의견을 적은 것이고. 뉴스에서 의견을 적은 문장이 나올 수도 있지만 이렇게 온통 의견만으로 이루어진 뉴스는 제대로 된 것인지 한번쯤 의심할 필요가 있어.

　뉴스를 보는 행위가 혼자서만 하는 개인적인 활동이라고 생각할 수 있지만 꼭 그렇지만은 않아. 다른 이들과 뉴스에 대한 이야기를 나누면서 뉴스의 사실 관계도 알 수 있고, 더 다양한 시각들을 접해 볼 수도 있지.

　뉴스를 직접 써보는 활동도 권하고 싶어. 뉴스 소비자에서 생산자가 되는 경험을 하면서 뉴스거리가 될 만한 것들을 찾고, 판단하는 능력 그리고 논리적으로 글을 쓰고 말을 하는 능력도 키울 수 있기 때문이야. 이에 더해 여러분을 둘러싼 사회에 대한 관심도 확장할 수 있을 거야. 이 책을 읽고 뉴스 리터러시 능력을 좀 더 키우고 싶은 이들이 있다면 이런 활동들을 꼭 해 보길 바라.

책의 첫머리에서 소개한 김진실 기자 이야기를 마저 들려줄게. 김진실 기자는 최근 이사실 기자와 직접 인사를 나누었다고 해. "후배! 입사 축하해. 입사 소감문도 잘 읽어 봤어. 우리를 둘러싼 뉴스 환경이 녹록지 않지만 우리 최대한 객관적이고, 공정한 뉴스를 만들 수 있도록 노력하자고!"

완벽하게 객관적이고, 공정한 뉴스는 존재하기 어려운 데다가 뉴스 환경이 복잡하고 어지러운 상황에서 김진실 기자가 그의 바람을 이루기 위해선 우리 뉴스 소비자들의 역할도 중요해졌어. 뉴스 소비자들이 뉴스를 보는 높은 안목을 갖고, 제대로 된 뉴스 비평을 할수록 언론 또한 건강한 모습으로 발전할 수 있을 거야. 자, 그러니 매의 눈을 한 우리들의 뉴스 분석 여행은 계속 이어져야겠지?